O
PODER
DE
DEUS

"Ninguém jamais ouviu que os olhos de um cego de nascença tivessem sido abertos. Se esse homem não fosse de Deus, não poderia fazer coisa alguma".
(João 9:32-33)

O PODER DE DEUS

Dr. Jaerock Lee

URIM BOOKS

O Poder de Deus, escrito por Dr. Jaerock Lee
Publicado por Livros Urim (Representante: Seongnam Vin)
73, Yeouidaebang-ro 22-gil, Dongjak-gu, Seoul, Korea
www.urimbooks.com

Os textos das referências bíblicas foram extraídos da Bíblia de Nova
Versão Internacional (NVI), salvo indicação específica.

Publicado anteriormente pela Livros Urim (Urim Books), Seul,
Coréia em 2004.

Primeira Edição em junho de 2013

Editado por Geumsun Vin
Design criado pelo Editorial da Livros Urim
Impresso pela Yewon Printing Company
Para mais informações, entre em contato: urimbook@hotmail.com

Prefácio

Orando para que, pelo poder do Deus Criador e do evangelho de Jesus Cristo, todas as pessoas possam experimentar as obras de fogo do Espírito Santo...

Agradeço completamente a Deus Pai, que nos abençoou para que pudéssemos publicar em uma única obra as mensagens do nosso 11º Encontro Especial de Avivamento de Duas Semanas, que ocorreu em maio de 2003 e cujo tema era "Poder" – através do qual inúmeras pessoas testemunharam intensamente o poder de Deus e O glorificaram.

Desde 1993, pouco tempo depois do nosso décimo aniversário, Deus começou a fazer com que os membros da Igreja Central Manmin possuíssem uma fé verdadeira e se tornassem pessoas espirituais através dos Encontros Especiais Anuais de Avivamento de Duas Semanas.

Em 2003, públicos de aproximadamente 300 igrejas da Coreia e também de quinze países participaram do Encontro.

O Poder de Deus apresenta o processo de quando a pessoa tem um encontro com Deus e recebe Seu poder, além de falar sobre diferentes níveis de poder (sendo o maior deles o Poder da Criação, que ultrapassa o limite permitido para a criatura humana), e os lugares onde o poder de Deus é manifestado.

O poder de Deus Criador em um indivíduo depende do quanto ele se parece com Deus, que é luz. Sobretudo, quando ele se torna um espírito com Deus, ele pode manifestar o tipo de poder que Jesus manifestou. É por isso que em João 15:7, nosso Senhor nos diz: *"Se vocês permanecerem em mim, e as minhas palavras permanecerem em vocês, pedirão o que quiserem, e lhes será concedido"*.

Por eu ter experimentado pessoalmente a alegria e felicidade de ter sido libertado da agonia de sete anos de doenças e, a fim de ser um servo de poder que reflita o Senhor, eu orei e jejuei por muito tempo depois de ser chamado para ser Seu servo. Jesus nos diz em Marcos 9:23: *"Se podes?, disse Jesus. Tudo é possível àquele que crê"*. Também cria e orava porque me agarrava à promessa de Jesus, *"Aquele que crê em mim fará também as obras que tenho realizado. Fará coisas ainda maiores do que estas, porque eu estou indo para o Pai"* (João 14:12). Assim, através dos Encontros Anuais, Deus nos mostrou incríveis sinais e maravilhas e nos deu inúmeras curas e respostas. Ainda por cima, na segunda semana do Encontro de Avivamento de 2003, Deus focou na manifestação do Seu poder sobre aqueles que eram cegos e dos impossibilitados de andar, ouvir ou falar.

Mesmo com o avanço e progresso contínuos da medicina, é quase impossível que pessoas que perderam a visão ou audição sejam curadas. O Deus Todo Poderoso, entretanto, manifestou Seu poder para que, quando eu orasse já no púlpito, a obra do poder da criação pudesse renovar os nervos e células mortas e, assim, muitas pessoas passaram a enxergar, ouvir e falar. Além do mais, espinhas tortas foram endireitadas e ossos se tornaram saudáveis, permitindo que as pessoas jogassem fora suas muletas, bengalas, cadeiras de rodas e se levantassem, pulassem e andassem.

A obra miraculosa de Deus também transcende tempo e espaço. As pessoas que participaram do Encontro de Avivamento via satélite ou na Internet também puderam experimentar do poder de Deus e elas ainda continuam enviando testemunhos até hoje.

É essa a razão pela qual as mensagens do Encontro de Avivamento de 2003 – no qual inúmeras pessoas nasceram de novo pela palavra da verdade, receberam uma nova vida, salvação, respostas, cura, experiências com o poder de Deus e O glorificaram grandemente – foram publicadas em uma única obra.

Quero agradecer especialmente a Diretora do Departamento de Editorial e sua equipe, assim como o Departamento de Traduções por seu árduo trabalho e dedicação.

Que cada um de vocês possa experimentar o poder do Deus Criador, o evangelho de Jesus Cristo e as obras de fogo do Espírito Santo. Que a alegria e a felicidade sejam transbordantes em sua vida. Oro, por tudo isso, em nome do nosso Senhor!

Jaerock Lee

Introdução

Este é um guia essencial àqueles que desejam possuir uma fé verdadeira e experimentar o maravilhoso poder de Deus.

Agradeço profundamente e dou toda a glória a Deus, que nos guiou de modo que publicássemos em uma só obra as mensagens do "11º Encontro Especial de Avivamento de Duas Semanas" de maio de 2003, que aconteceu em meio a grande e incrível poder de Deus.

O Poder de Deus irá mergulhá-lo em graça e comoção, pois contém nove mensagens do Encontro de Avivamento que foi realizado sob o tema "Poder", assim como testemunhos de muitos indivíduos que experimentaram diretamente o poder do Deus vivo e o evangelho de Jesus Cristo.

Na Primeira Mensagem, "Para crer em Deus", a identidade de Deus, o que é crer Nele e os modos pelos quais podemos encontrá-Lo e ter experiências com Ele são descritos.

Na Segunda Mensagem, "Para crer no Senhor", são discutidos o propósito da vinda de Jesus na terra, porque só Ele é o nosso Salvador, e por que recebemos a salvação e respostas quando cremos no Senhor Jesus.

A Terceira Mensagem, "Um Vaso Mais Belo que uma Pedra Preciosa", elabora sobre o que é preciso para se tornar um vaso precioso, nobre e belo aos olhos de Deus, e as bênçãos que vêm sobre tal vaso.

A Quarta Mensagem, "A Luz", fala sobre a luz espiritual, o que precisamos fazer a fim de encontrarmos Deus, que é luz, e as bênçãos que recebemos quando caminhamos na luz.

A Quinta Mensagem, "O Poder da Luz", se aprofunda nos quatro níveis diferentes do poder de Deus, que são manifestados pelo ser humano através de uma variedade de luzes coloridas, e testemunhos de vários tipos de curas manifestados em cada nível. Além disso, ao introduzir o Maior Poder da Criação, o poder ilimitado de Deus e as formas de recebermos o poder da luz são explicados detalhadamente.

Com base no homem que havia nascido cego e recebeu visão ao encontrar-se com Jesus e nos testemunhos de muitas pessoas que receberam também visão e foram curadas de más vistas, a Sexta Mensagem, "Os Olhos do Cego se Abrirão", ajudará você a entender o poder de Deus.

Na Sétima Mensagem, "As Pessoas se Levantarão, Saltarão e Andarão", a história de um paralítico que vem diante de Jesus com a ajuda de seus amigos e se levanta e anda, é examinada cuidadosamente. Além disso, a Mensagem também dá uma direção aos leitores no que diz respeito a obras de fé, que devem ser apresentadas diante de Deus, para que eles possam experimentar tal poder hoje.

A Oitava Mensagem, "As Pessoas se Regozijarão, Dançarão e Cantarão", se aprofunda na história de um surdo-mudo que recebe a cura, quando vai ter com Jesus, e apresenta as maneiras de experimentarmos tal poder também hoje.

Finalmente, na Nona Mensagem, "A Providência Infalível de Deus", profecia sobre os últimos dias e a providência de Deus para a Igreja Central Manmin – ambos revelados pelo próprio Deus desde a fundação da igreja, há mais de vinte anos atrás – são plenamente explicadas.

Através desta obra, que inúmeras pessoas possam possuir uma fé verdadeira, experimentando sempre o poder do Deus Criador e sendo usadas como vasos do Espírito Santo, cumprindo Sua providência. Em nome do nosso Senhor Jesus Cristo, eu oro!

Geumsun Vin
Diretora do Departamento de Editorial

Conteúdo

Mensagem 1

Para Crer em Deus

- Quem é Deus?
- O Criador de Todas as Coisas
- Evidências que podem ser usadas para crermos em Deus como o Criador
- Evidências bíblicas através das quais
    podemos crer piamente em Deus como o Criador
- O poder de Deus manifestado na Igreja Central
- Para experimentar o poder de Deus
- Agradando a Deus com obras de fé

Hebreus 11:3

Pela fé entendemos que o universo
foi formado pela palavra de Deus,
de modo que aquilo que se vê não foi
feito do que é visível.

Desde o primeiro Encontro Especial de Avivamento de Duas Semanas, em maio de 1993, inúmeras pessoas tiveram experiências maravilhosas com o infinito poder e obra de Deus, sendo curadas de doenças que não tinham cura pela medicina moderna e, tendo problemas que a ciência não conseguia resolver, foram resolvidos. Pelos últimos 11 anos, como encontramos em Marcos 16:20, Deus confirmou Sua palavra por sinais que a acompanhavam.

Com as mensagens de profunda fé, justiça, bondade, amor, contraste entre carne e espírito e coisas do tipo, Deus levou muitos membros da Manmin a entrar em um terreno espiritual mais profundo. Sobretudo, através de cada Encontro de Avivamento, Deus nos levou a testemunhar pessoalmente o Seu poder, fazendo assim com que o evento se tornasse conhecido mundialmente.

Jesus nos diz em Marcos 9:23: *"Se podes?"*, disse Jesus. *"Tudo é possível àquele que crê"*. Logo, quando alguém possui uma fé verdadeira, nada lhe é impossível, e esta pessoa recebe o que procura.

Então, em que devemos acreditar e como? Se não soubermos crer em Deus corretamente, não conseguiremos experimentar o Seu poder ou receber respostas às nossas orações. É por isso que entender e crer corretamente em Deus é algo de extrema importância.

Quem é Deus?

Primeiramente, Deus é o autor dos sessenta e seis livros da Bíblia. 2 Timóteo 3:16 nos lembra que *"Toda a Escritura é inspirada por Deus"*. A Bíblia consiste de sessenta e seis livros e estima-se que foi escrita por trinta e quatro pessoas em um período de 1.600 anos. Ainda, o aspecto mais incrível de cada livro da Bíblia é que, apesar do fato de ela ter sido escrita por várias pessoas diferentes e de diversos séculos, ela é congruente do começo ao fim e seus livros se correspondem. Em outras palavras, Deus é o autor dos sessenta e seis livros da Bíblia e 2 Timóteo 3:16 vem para chamar nossa atenção para o fato de que a Bíblia é a palavra de Deus registrada por várias pessoas de diferentes períodos da história, sob Sua inspiração. Ele Se revela através dela. É por isso que aqueles que creem na Bíblia como sendo a palavra de Deus e a ela obedecem, podem experimentar das bênçãos e graça que Ele prometeu.

Depois, precisamos saber que Deus é: *"Eu Sou o que Sou"* (Êxodo 3:14). Diferente dos ídolos criados e ou esculpidos pela imaginação e mãos humanas, o nosso Deus é o Deus verdadeiro, que existe desde antes da eternidade, de eternidade a eternidade. Além do mais, podemos descrever Deus como sendo amor (1

João 4:16), luz (1 João 1:5) e o juiz de todas as coisas no fim dos tempos.

Ainda por cima, precisamos lembrar antes de tudo que Deus, com Seu infinito poder, criou todas as coisas dos céus e da terra. Ele é o Todo Poderoso que manifesta imutavelmente o Seu maravilhoso poder desde o tempo da Criação até os dias de hoje.

O Criador de Todas as Coisas

Em Gênesis 1:1 vemos que *"No princípio Deus criou os céus e a terra"*. Hebreus 11:3 nos diz: *"Pela fé entendemos que o universo foi formado pela palavra de Deus, de modo que aquilo que se vê não foi feito do que é visível"*.

No princípio, todas as coisas do universo foram criadas do vácuo pelo poder de Deus. Com Seu poder, Deus criou o sol e a luz no céu, plantas e árvores, pássaros e animais, peixes no mar e a raça humana.

Apesar disso, muitas pessoas não conseguem crer em Deus Criador porque o conceito de criação é simplesmente contraditório demais para seu conhecimento ou experiência de vida no mundo. Na mente de tais pessoas, por exemplo, é impossível que todas as coisas tenham sido criadas do vácuo apenas com o comando de Deus.

É por esse motivo que a teoria da evolução foi criada. Adeptos à teoria da evolução dizem que um ser vivo veio a existir por um acaso, desenvolveu-se por conta própria e se multiplicou. Quando as pessoas negam que Deus criou o universo com uma mente assim, tornam-se incapazes de crer no resto da Bíblia. São incapazes de pregar sobre a existência do céu e do inferno, já que nunca estiveram em tais lugares, e também não conseguem proclamar sobre o Filho de Deus, que nasceu homem, morreu, ressuscitou e ascendeu aos céus.

Entretanto, o que temos visto é que, à medida que a ciência avança, mais falhas aparecem na teoria da evolução e mais legitimidade se encontra na criação, segundo a Bíblia. Ademais, mesmo se não fizéssemos uma lista de evidências científicas, ainda assim haveria milhares de exemplos para testificarem da criação.

Evidências que podem ser usadas para crermos em Deus como o Criador

Eis aqui um exemplo: há mais de duzentos países na terra e um número ainda maior de grupos étnicos. Ainda assim, independentemente se são brancos, negros ou amarelos, cada indivíduo tem dois olhos. Cada um possui duas orelhas, um nariz e duas narinas. Esse padrão não se aplica apenas a seres humanos, mas também a animais no chão, pássaros no céu e peixes no mar. Só porque a tromba do elefante é excepcionalmente grande e longa, não significa que ele tem mais de duas narinas. Cada um dos seres humanos, animais, pássaros e peixes têm uma boca que, por sua vez, tem a mesma posição em todos. Há diferenças sutis com respeito à posição de cada órgão, de espécie para espécie, mas a maior parte de sua estrutura e posição é indistinguível.

Como tudo isso pode ter acontecido "por acaso"? Isso é uma evidência sólida de que o Criador desenhou e formou inúmeras pessoas, animais, pássaros e peixes. Se existisse mais de um criador, a aparência e a estrutura das coisas seriam variadas segundo o gosto de cada criador. No entanto, pelo fato de o nosso Deus ser o único Criador, todos os seres viventes foram formados com uma mesma lógica.

Além do mais, podemos encontrar diversas evidências na natureza e no universo, que só nos levam a acreditar que Deus criou todas as coisas. Como Romanos 1:20 nos diz: *"Pois, desde a criação do mundo os atributos invisíveis de Deus, seu eterno poder e sua natureza divina, têm sido vistos claramente, sendo compreendidos por meio das coisas criadas, de forma que tais homens são indesculpáveis"*, Deus arquitetou e formou todas as coisas para que a verdade de Sua existência não pudesse ser negada ou refutada.

Em Abacuque 2:18-19, Deus nos diz: *"De que vale uma imagem feita por um escultor? Ou um ídolo de metal que ensina mentiras? Pois aquele que o faz confia em sua própria criação, fazendo ídolos incapazes de falar. Ai daquele que diz à madeira: 'Desperte!' Ou à pedra sem vida: 'Acorde!' Poderá o ídolo dar orientação? Está coberto de ouro e prata, mas não respira".* Se qualquer de vocês tiver servido ou acreditado em ídolos sem conhecer a Deus, arrependa-se profundamente de seus pecados, rendendo o Seu coração a Ele.

Evidências bíblicas através das quais podemos crer piamente em Deus como o Criador

Ainda existem muitas pessoas que são incapazes de acreditar em Deus, mesmo diante de diversas provas. É por isso que, manifestando o Seu poder, Deus nos mostra evidências mais claras e inegáveis de Sua existência. Com milagres que não podem ser feitos por homens, Deus permite à espécie humana que creia Nele e em suas maravilhosas obras.

Na Bíblia existem vários exemplos fascinantes nos quais o poder de Deus é manifestado. O Mar Vermelho foi dividido, o sol parou ou voltou, fogo desceu do céu, águas amargas se transformaram em águas doces, água potável brotou de uma rocha, o morto reviveu, doenças foram curadas e batalhas aparentemente perdidas foram ganhas.

Quando as pessoas creem no Deus Todo Poderoso e pedem

coisas a Ele, elas podem experimentar obras inimagináveis do Seu poder. É por isso que Deus registrou na Bíblia diversas ocasiões onde o Seu poder foi manifestado e nos abençoa a crer.

Contudo, a obra do Seu poder não está sozinha na Bíblia. Uma vez que Deus é imutável, através de incontáveis sinais, maravilhas e manifestações do Seu poder, Ele tem se manifestado hoje a crentes verdadeiros em todo o mundo, pois Ele nos prometeu tal coisa. Em Marcos 9:23, Jesus nos diz: *"Se podes?"*, disse Jesus. *"Tudo é possível àquele que crê"*. Em Marcos 16:17-18, nosso Senhor nos lembra: *"Estes sinais acompanharão os que crerem: em meu nome expulsarão demônios; falarão novas línguas; pegarão em serpentes; e, se beberem algum veneno mortal, não lhes fará mal nenhum; imporão as mãos sobre os doentes, e estes ficarão curados"*.

O poder de Deus manifestado na Igreja Central

A igreja à qual sirvo como pastor presidente, Igreja Central Manmin, sempre manifesta a obra do poder de Deus Criador e tem feito de tudo para espalhar o evangelho aos confins da terra. Desde sua fundação em 1982, a Manmin já levou inúmeras pessoas ao caminho da salvação com o poder do Deus Criador. A obra do Seu poder mais notável é a cura de doenças e enfermidades. Muita gente com doenças "incuráveis" como o câncer, tuberculose, paralisia, morte cerebral, hérnia, leucemia, etc, já foi curada. Demônios são expulsos, o coxo levanta e começa a andar e correr, e aqueles que, antes haviam ficado paralíticos por causa de algum acidente, ficam bem. Além disso, imediatamente depois de receber oração, pessoas com queimaduras sérias já foram curadas e ficaram apenas com amenas cicatrizes. Outras ainda, cujos corpos estavam enrijecidos e que já haviam perdido a consciência, devido a hemorragias cerebrais ou envenenamento por gases tóxicos, e outras ainda que já haviam parado de respirar, ressuscitaram e se recuperaram rapidamente depois de receber oração.

Muitas outras pessoas que haviam tentado ter filhos por cinco, sete, dez, ou até vinte anos de casadas e não haviam conseguido, receberam a bênção da concepção, depois de receber oração também, e inúmeros indivíduos que, antes não podiam ouvir, ver ou falar, glorificaram intensamente a Deus, depois de recuperar suas habilidades.

Apesar dos grandes saltos da medicina, século após século, nervos mortos ainda não podem ser reavivados e a cegueira ou a surdez de nascença ainda não têm cura. Todavia, o Deus Todo Poderoso pode fazer qualquer coisa, já que pode criar algo do nada.

Eu experimentei pessoalmente o poder do Deus Poderoso. Estava na beira da morte já há sete anos, quando comecei a crer

"Como fiquei cheio de gratidão
quando salvaste minha vida...
Pensei que dependeria das minha muletas
pelo resto da minha vida...
Agora posso andar...
Pai, Pai, eu Te agradeço!"

Diaconisa Johanna Park,
que recebeu diagnóstico de deficiência física permanente,
joga fora suas muletas e anda depois de receber oração

Nele. Com exceção dos meus olhos, eu estava com todas as partes do meu corpo enfermas e cheguei inclusive a ser chamado de "loja de departamento das doenças". Em vão, tentei curar-me com a medicina oriental e ocidental, com a medicina para leprosos, homeopatia, fígados de cães e ursos, centopeias e até água com excrementos. Esforcei-me ao máximo durante aqueles sete anos, mas não consegui ser curado. Quando estava passando por grande desespero, na primavera de 1974, tive então uma experiência inacreditável: no momento em que me encontrei com Deus, Ele me curou de todas as minhas doenças e enfermidade. Desde então, Ele tem sempre me protegido, para que eu nunca mais adoecesse; e mesmo nas vezes em que me senti um pouco desconfortável em alguma parte do meu corpo, depois de orar com fé, sempre fui curado imediatamente.

Além de mim mesmo e minha família, sei que muitos membros da Manmin creem sinceramente no Deus Todo Poderoso e, portanto, estão sempre fisicamente saudáveis sem depender da medicina. Em gratidão ao Deus que cura, muitas pessoas, que foram curadas, agora servem à igreja como ministros, anciãos, diáconos e diaconisas e obreiros fiéis a Deus.

É importante que saibamos também que o poder de Deus não está limitado à cura de doenças e enfermidades. Desde que a igreja foi fundada em 1982, muitos membros já testemunharam inúmeras ocasiões, em que a oração com fé no poder de Deus controlou o tempo, fazendo tempestades parar, protegeu os

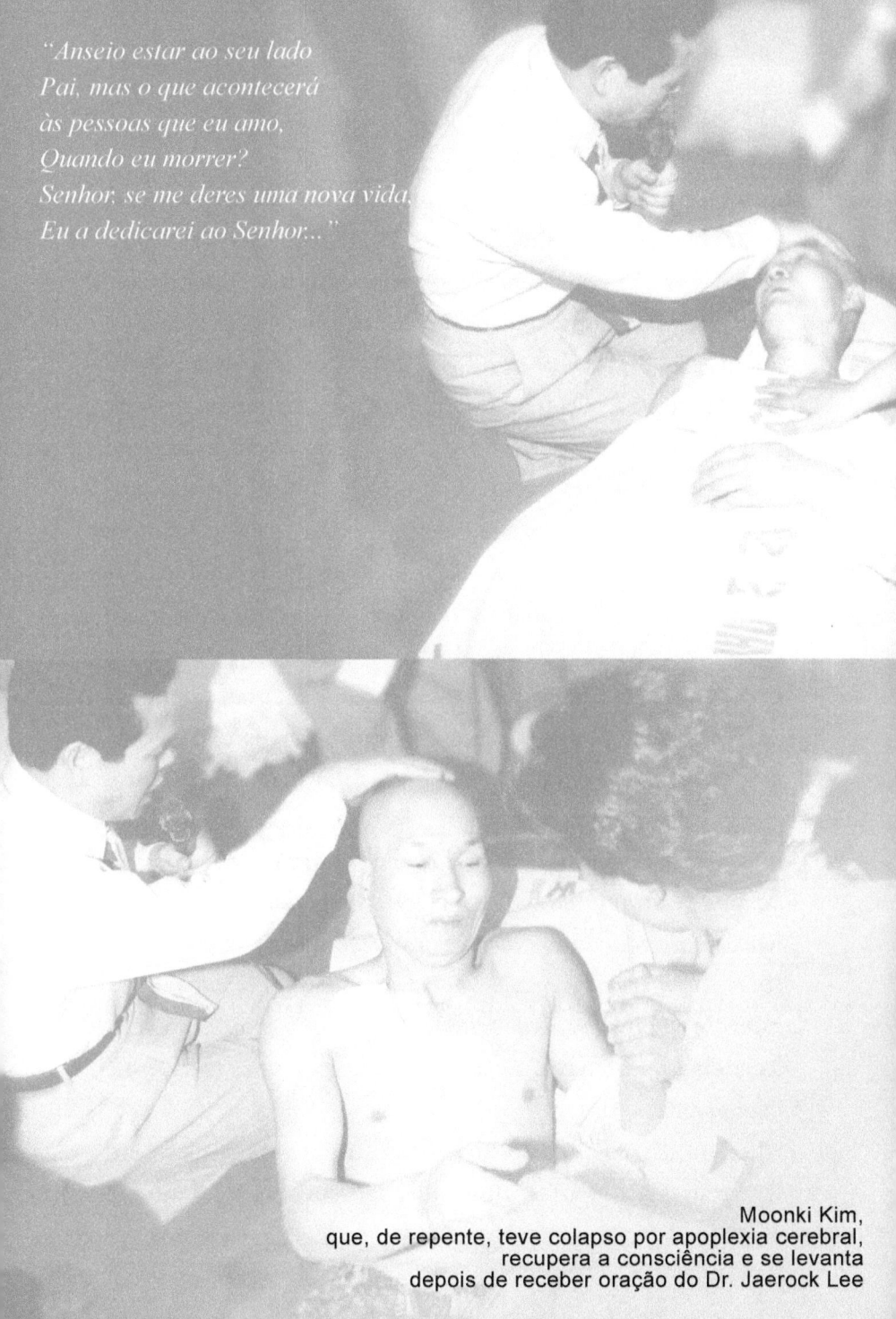

"Anseio estar ao seu lado
Pai, mas o que acontecerá
às pessoas que eu amo,
Quando eu morrer?
Senhor, se me deres uma nova vida,
Eu a dedicarei ao Senhor..."

Moonki Kim,
que, de repente, teve colapso por apoplexia cerebral,
recupera a consciência e se levanta
depois de receber oração do Dr. Jaerock Lee

membros da Manmin com nuvens em um dia de muito sol e fez tufões morrerem ou mudarem seu curso. Um exemplo são os retiros de verão que fazemos todo julho e agosto. Por mais que todo o resto da Coreia do Sul sofra danos causados por tufões ou inundações, os locais onde os retiros são realizados permanecem sempre intactos, sem tempestades ou quaisquer outros tipos de desastres. Além disso, os membros da Manmin também veem arco-íris com certa frequência, mesmo em dias sem chuva alguma.

Há, ainda, um aspecto mais incrível do poder de Deus. A obra do Seu poder é manifestada mesmo quando eu não oro diretamente pelos enfermos. Inúmeras pessoas já glorificaram grandemente a Deus, depois de receberem curas e bênçãos através da minha "Oração pelos Enfermos", do púlpito para toda a congregação, e da "Oração" gravada em fitas cassete, transmissões via Internet e mensagens automáticas em telefones.

Ademais, em Atos 19:11-12, encontramos: *"Deus fazia milagres extraordinários por meio de Paulo, de modo que até lenços e aventais que Paulo usava eram levados e colocados sobre os enfermos. Estes eram curados de suas doenças, e os espíritos malignos saíam deles"*. Da mesma forma, através dos lenços nos quais eu orei, a obra do poder maravilhoso de Deus é manifestada.

Além disso, quando imponho minhas mãos e oro em fotografias de doentes, curas que transcendem o tempo e o espaço ocorrem em todo o mundo. É por isso que, quando conduzo cruzadas internacionais, todos os tipos de doenças e enfermidade, incluindo a AIDS, são curadas em um instante pelo poder de Deus, que transcende tempo e espaço.

Para experimentar o poder de Deus

Isso significa então que qualquer pessoa que acreditar em Deus pode experimentar a surpreendente obra do Seu poder e receber Suas respostas e bênçãos? Muitos professam sua fé em Deus, mas nem todos experimentam Seu poder. Você pode fazê-lo somente quando sua fé em Deus é exibida através de obras e Ele então reconhece: "Sei que você crê em mim".

Deus considera até o mero fato de alguém ouvir a pregação de alguma pessoa e ir à igreja como um ato de "fé". Entretanto, a fim de possuir uma fé verdadeira, através da qual você possa receber curas e respostas, você tem de ouvir sobre as coisas de Deus e saber quem Ele é, saber por que Jesus é o nosso Salvador e também sobre a existência do céu e do inferno. Quando entendemos essas coisas e nos arrependemos dos nossos pecados, aceitamos Jesus como nosso Salvador, recebemos o Espírito Santo e recebemos o direito de ser feitos filhos de Deus. Esse é o primeiro passo em direção à fé verdadeira.

As pessoas que possuem uma fé verdadeira mostram obras

que a testificam. Deus vê as obras de fé dessas pessoas e então responde aos desejos de seus corações. Aqueles que experimentam a obra do Seu poder, demonstram-Lhe evidências de fé e são aprovadas por Ele.

Agradando a Deus com obras de fé

Eis alguns exemplos da Bíblia: primeiro, em 2 Reis 5, vemos a história de Naamã, comandante do exército do rei da Síria. Naamã experimentou o poder de Deus depois de demonstrar sua fé por obras ao obedecer ao profeta Eliseu, através do qual Deus havia falado.

Naamã era um comandante diferente daquele reino. Quando teve lepra, ele visitou Eliseu, sobre quem havia ouvido falar por operar milagres. Entretanto, quando alguém tão importante e estimado como aquele general foi ter com Eliseu com grandes quantidades de ouro, prata e vestimentas, o profeta apenas enviou um mensageiro a Naamã que disse: "Vá e lave-se sete vezes no rio Jordão" (v. 10).

Inicialmente, Naamã ficou visivelmente nervoso por não ter recebido o tratamento adequado daquele profeta. Além do mais, ao invés de receber uma oração de Eliseu, Naamã foi orientado para ir, ele mesmo, ao Rio Jordão se lavar. Todavia, logo o comandante mudou seu modo de pensar e obedeceu. Apesar de as palavras de Eliseu não lhe terem agradado, e de não concordar com o que ele havia dito, Naamã estava determinado a pelo menos tentar obedecer a um profeta de Deus.

No rio, até a sexta vez que Naamã havia se lavado, ainda não se notava nenhuma mudança visível em sua lepra. Ainda assim ele se lavou pela sétima vez, e então sua carne foi restaurada e ele ficou limpo como um jovem menino (v. 14).

Espiritualmente, "água" simboliza a palavra de Deus. O fato de Naamã ter se mergulhado no rio Jordão significa que através da Palavra de Deus, Naamã foi limpo de seus pecados. Ademais, o número "7" significa perfeição; o fato de Naamã ter se submergido no Rio por "sete vezes" significa que ele recebeu o perdão completo.

Da mesma forma, se desejamos receber as respostas de Deus, devemos primeiro nos arrepender de todos os nossos pecados, assim como Naamã. Contudo, arrepender-se não está nas meras palavras: "Eu me arrependo. Fiz algo errado". Você tem de *"rasgar o seu coração"* (Joel 2:13). Quando você se arrepende profundamente dos seus pecados, você resolve nunca mais cometê-los novamente. Só então o muro de pecados entre você e Deus pode ser destruído, a felicidade brota no seu interior, seus problemas são resolvidos e você recebe respostas quanto aos desejos do seu coração.

Um segundo exemplo está em 1 Reis 3, onde o rei Salomão

está oferecendo mil holocaustos a Deus. Através dessas ofertas, Salomão demonstrou sua fé através de obras, a fim de receber as respostas de Deus e, como resultado, recebeu Dele não apenas o que havia pedido, mas também o que não pedira.

Oferecer mil holocaustos a Deus foi algo que exigiu bastante dedicação de Salomão. Para cada oferta, o rei tinha de capturar os animais e prepará-los. Você consegue imaginar quanto tempo, esforço e dinheiro foram usados no oferecimento de holocaustos por mil vezes? O tipo de devoção de Salomão não teria existido, se ele de fato não tivesse acreditado no Deus vivo.

Ao ver a dedicação de Salomão, Deus lhe deu sabedoria, o que o rei tinha originalmente buscado, mas também lhe deu riquezas e honra – para que não houvesse vida de rei como a sua.

Um terceiro e último exemplo está em Mateus 15, que é a história de uma mulher cananeia, cuja filha estava endemoniada. Ela, com um coração humilde e constante, foi diante de Jesus, pediu-Lhe que curasse a menina e teve o desejo de seu coração satisfeito. Entretanto, diante da imploração intensa da mulher, Jesus não respondeu logo: "Tudo bem, sua filha está curada". Na verdade, o que Ele disse foi: *"Não é certo tirar o pão dos filhos e lançá-los aos cachorrinhos"* (v. 26). Ele comparou aquela mulher a um cão. Se ela não tivesse fé, ela teria ficado ou muito embaraçada ou incontrolavelmente irada. Contudo, ela tinha a fé que lhe asseguraria a resposta de Jesus e não ficou frustrada nem desapontada. O que ela fez foi se dirigir ao Senhor ainda mais humildemente e dizer-Lhe: "Sim, Senhor, mas até os cachorrinhos comem das migalhas que caem da mesa dos seus donos". Diante disso, Jesus agradou profundamente da fé daquela mulher e curou sua filha imediatamente.

Semelhantemente, se queremos receber cura e respostas, devemos demonstrar nossa fé até o fim. Além disso, se você possui a fé pela qual você pode receber as respostas de Deus, você também deve se apresentar fisicamente diante Dele.

Obviamente, uma vez que o poder de Deus é amplamente manifestado na Igreja Central Manmin, é possível que a cura seja liberada através do lenço no qual eu orei ou com a oração em fotografias. Contudo, a menos que o enfermo se encontre em uma condição crítica ou esteja em outro país, a pessoa deve se apresentar pessoalmente diante de Deus. Só se pode experimentar a cura de Deus depois de escutar a Sua palavra e possuir fé. Se a pessoa, todavia, é mentalmente debilitada ou endemoniada, não podendo vir diante de Deus com sua própria fé, então, como a mulher cananeia, seus pais ou parentes devem ir diante de Deus para representar aquela pessoa com fé e amor.

Além desses exemplos, há ainda muitas outras evidências de fé. Por exemplo, no rosto do indivíduo que possui a fé pela qual ele pode receber respostas, a felicidade e a gratidão estão sempre evidentes. Em Marcos 11:24, Jesus nos diz: *"Portanto, eu lhes digo: Tudo o que vocês pedirem em oração, creiam que já o receberam, e assim lhes sucederá".* Se você possui a fé verdadeira, você é grato e alegre em todo o tempo. Além do mais, se você profere crer em Deus, você viverá e obedecerá à Sua Palavra. Uma vez que Deus é luz, você fará de tudo para andar na luz e se transformar.

Deus se deleita com nossas obras de fé e responde aos desejos dos nossos corações. Você possui o tipo e a medida de fé que Deus aprova?

Em Hebreus 11:6, somos lembrados de que: *"Sem fé é impossível agradar a Deus, pois quem dele se aproxima precisa crer que ele existe e que recompensa aqueles que o buscam".*

Entendendo corretamente o que é crer em Deus e demonstrar a sua fé, que cada um de vocês possa agradá-Lo, experimentar o Seu poder e levar vidas abençoadas. Em nome do nosso Senhor Jesus Cristo, eu oro!

Mensagem 2

Para Crer no Senhor

- O Filho de Deus Criador, o Salvador
- A providência de Deus que já existia antes do início dos tempos
- Jesus Cristo está qualificado segundo a lei de resgate da terra
- O motivo de Jesus ter sido pendurado em uma cruz
- Crer no Senhor é se transformar na verdade

Hebreus 12:1-2

Portanto, também nós, uma vez que estamos rodeados por tão grande nuvem de testemunhas, livremo-nos de tudo o que nos atrapalha e do pecado que nos envolve, e corramos com perseverança a corrida que nos é proposta, tendo os olhos fitos em Jesus, autor e consumador da nossa fé. Ele, pela alegria que lhe fora proposta, suportou a cruz, desprezando a vergonha, e assentou-se à direita do trono de Deus.

Hoje em dia, são muitas as pessoas que já ouviram o nome "Jesus Cristo". Entretanto, entre essas, um número surpreendente não sabe por que Jesus é o único Salvador da humanidade ou por que recebemos a salvação só depois que cremos Nele. Pior do que isso, é que ainda há cristãos que não conseguem responder às perguntas acima, embora estejam diretamente relacionadas à salvação. Isso significa que esses cristãos estão levando vidas em Cristo sem um completo entendimento do significado espiritual de tais questionamentos.

Portanto, somente depois que conhecemos e entendemos verdadeiramente por que Jesus é o nosso único Salvador, o que é aceitar e crer Nele e obtemos uma fé verdadeira, é que podemos experimentar o poder de Deus.

Algumas pessoas simplesmente consideram Jesus como um dos quatro grandes santos. Outros O veem como mero fundador do Cristianismo, ou como um homem magnânimo que fez grandes coisas, enquanto esteve nesta terra.

Todavia, aqueles dentre nós que nos tornamos filhos de Deus devemos ser capazes de confessar que Jesus é Salvador da humanidade, que redimiu todas as pessoas de seus pecados. Como poderíamos comparar o único Filho de Deus, Jesus Cristo, a seres humanos, meras criaturas? Mesmo nos tempos de Jesus, vemos que as pessoas já O viam através de várias perspectivas.

O Filho de Deus Criador, o Salvador

Em Mateus 16 há uma cena onde Jesus perguntou aos seus discípulos: *"Quem os outros dizem que o Filho do Homem é?"* (v. 13) Fazendo referência ao que as pessoas diziam, os discípulos responderam: *"Alguns dizem que é João Batista; outros, Elias; e, ainda outros, Jeremias ou um dos profetas"* (v. 14). Então Jesus perguntou: *"Quem vocês dizem que eu sou?"* (v. 15) Quando Pedro respondeu: *"Tu és o Cristo, o Filho do Deus vivo"* (v. 16), Jesus lhe disse: *"Feliz é você, Simão, filho de Jonas! Porque isto não lhe foi revelado por carne ou sangue, mas por meu Pai que está nos céus"* (v. 17). Por meio das incontáveis obras do poder de Deus que Jesus manifestou, Pedro estava certo de que Ele era o Filho de Deus Criador e o Cristo, o Salvador da espécie humana.

No princípio, Deus criou o homem do pó em Sua própria imagem e o levou ao Jardim do Éden. No Jardim estava a árvore da vida e a árvore do conhecimento do bem e do mal. Deus ordenou ao primeiro homem Adão: *"Coma livremente de qualquer árvore do jardim, mas não coma da árvore do conhecimento do bem e do mal, porque no dia em que dela comer, certamente você morrerá"* (Gênesis 2:16-17).

Depois que muito tempo havia se passado, o primeiro homem e mulher, Adão e Eva, foram tentados pela serpente, que havia sido incitada por Satanás, e desobedeceram à ordem de Deus. Por fim, eles comeram da árvore do conhecimento do bem e do mal e foram expulsos do Jardim do Éden. Como consequência de seus atos, os descendentes de Adão e Eva herdaram sua natureza pecaminosa. Além disso, como Deus disse a Adão que ele certamente morreria, todos os espíritos de seus descendentes também foram levados à morte eterna.

Logo, antes do início dos tempos, Deus já havia preparado o caminho da salvação, o Filho de Deus Criador, Jesus Cristo. Como Atos 4:12 nos diz: *"Não há salvação em nenhum outro, pois, debaixo do céu não há nenhum outro nome dado aos homens pelo qual devamos ser salvos"*. A menos que seja por Jesus Cristo, ninguém mais na história está qualificado para ser o Salvador da humanidade.

A providência de Deus que já existia antes do início dos tempos

1 Coríntios 2:6-7 nos diz: *"Entretanto, falamos de sabedoria entre os que já têm maturidade, mas não da sabedoria desta era ou dos poderosos desta era, que estão sendo reduzidos a nada. Ao contrário, falamos da sabedoria*

de Deus, do mistério que estava oculto, o qual Deus preordenou, antes do princípio das eras, para a nossa glória". 1 Coríntios 2:8-9 continua a nos lembrar: *"Nenhum dos poderosos desta era o entendeu, pois, se o tivessem entendido, não teriam crucificado o Senhor da glória. Todavia, como está escrito: "Olho nenhum viu, ouvido nenhum ouviu, mente nenhuma imaginou o que Deus preparou para aqueles que o amam".* Devemos entender que o caminho para a salvação que Deus preparou para a espécie humana antes do princípio das eras é o caminho da cruz, através de Jesus Cristo e essa é a sabedoria em oculto de Deus.

Como Deus Criador, Deus sempre governa todas as coisas no universo assim como a história da humanidade. O rei ou o presidente de um país o governam de acordo com a lei de sua terra; o chefe executivo de uma corporação a administra segundo suas diretrizes; e o cabeça de uma família a supervisiona de acordo com as regras familiares. Da mesma forma, embora Deus seja o dono de todas as coisas no universo, Ele sempre governa tudo de acordo com as leis espirituais que podem ser encontradas na Bíblia.

Entre tais leis, há uma que diz: *"O salário do pecado é a morte"* (Romanos 6:23). Tal lei pune o culpado, e uma outra lei que pode nos redimir de nossos pecados. É por isso que Deus aplicou a regra para nos redimir dos pecados, a fim de restaurar a autoridade que havíamos perdido para o inimigo com a desobediência de Adão.

Qual foi a regra através da qual a humanidade pôde ser redimida e ter a autoridade do primeiro homem Adão restaurada? Segundo a "lei de resgate da terra", Deus preparou o caminho da salvação para o homem antes do princípio das eras.

Jesus Cristo está qualificado
segundo a lei de resgate da terra

Deus deu aos israelitas a "lei de resgate da terra", que ditava o seguinte: a terra não podia ser vendida definitivamente e, se alguém se empobrecesse e vendesse parte da sua propriedade, seu parente mais próximo ou a própria pessoa teria de resgatá-la, restituindo assim a posse da terra (Levítico 25:23-28).

Deus já sabia que Adão perderia a autoridade recebida de Deus para o inimigo por causa de sua desobediência. Além do mais, como o dono verdadeiro e original de todas as coisas no universo, Deus entregou ao inimigo a autoridade e a glória que Adão outrora havia possuído, como requerido pela lei espiritual. É por isso que quando o diabo tentou Jesus em Lucas 4, mostrando todos os reinos do mundo a Ele, ele podia dizer-Lhe: *"Eu te darei toda a autoridade sobre eles e todo o seu esplendor, porque me foram dados e posso dá-los a quem eu quiser. Então, se me adorares, tudo será teu"* (Lucas 4:6-7).

De acordo com a lei de resgate da terra, todas as propriedades pertencem a Deus. Assim sendo, o homem jamais pode vendê-las permanentemente e quando um indivíduo com as qualificações adequadas aparece, as terras vendidas são restituídas àquela pessoa. Semelhantemente, todas as coisas do universo pertencem a Deus, e, assim, Adão não podia "vendê-las" permanentemente, e nem o diabo podia possuí-las para sempre. Logo, quando um indivíduo capaz o suficiente para redimir a autoridade perdida de Adão apareceu, o inimigo não tinha outra escolha senão se render à autoridade que havia recebido de Adão.

Antes do início dos tempos, o Deus de justiça preparou um homem sem culpa, qualificado segundo a lei de resgate da terra, e estipulou que o caminho da salvação para a raça humana fosse Jesus Cristo.

Como, então, de acordo com a lei de resgate da terra, Jesus pôde resgatar a autoridade que havia sido cedida ao inimigo? Só quando Jesus satisfez os quatro requisitos seguintes foi que Ele pôde redimir todos os homens de seus pecados e resgatar a autoridade que tinha sido entregue ao diabo.

Primeiramente, o redentor tinha de ser homem e o "parente mais próximo" de Adão

Levítico 25:25 nos diz: *"Se alguém do seu povo empobrecer e vender parte da sua propriedade, seu parente mais próximo virá e resgatará aquilo que o seu compatriota vendeu"*. Uma que "o parente mais próximo" podia resgatar a terra, a fim de resgatar a autoridade que Adão havia perdido e o "parente mais próximo" deve ser um homem. 1 Coríntios 15:21-22 diz: *"Visto que a morte veio por meio de um só homem, também a ressurreição dos mortos veio por meio de um só homem. Pois da mesma forma como em Adão todos morrem, em Cristo todos serão vivificados"*. Em outras palavras, assim como a morte surgiu através da desobediência de um homem, a ressurreição do espírito morto tem de ser realizada através de um homem também.

Jesus Cristo é "a Palavra que se tornou carne" e veio à terra (João 1:14). Ele é o Filho de Deus, nascido em carne com ambas as naturezas – humana e divina. Além disso, Seu nascimento é um fato histórico e há muitas evidências que testificam dele. Dentre elas, uma das mais notáveis é o próprio fato de a história da humanidade ser divida entre "A.C." ou *"Antes de Cristo"* e "D.C." ou *"Depois de Cristo"*.

Desde quando Jesus Cristo veio ao mundo em carne, Ele é o "parente mais próximo" de Adão e preenche o primeiro requisito.

Em segundo lugar, o redentor não pode ser um descendente de Adão

Para que um indivíduo redima outros de seus pecados, ele não pode ser um pecador. Todos os descendentes de Adão, o qual se tornou pecador por sua desobediência, são pecadores. Logo, de acordo com a lei de resgate da terra, o redentor não pode ser descendente de Adão.

Em Apocalipse 5:1-3 encontramos o seguinte:

Então vi na mão direita daquele que está assentado no trono um livro em forma de rolo, escrito de ambos os lados e selado com sete selos. Vi um anjo poderoso, proclamando em alta voz: "Quem é digno de romper os selos e de abrir o livro?" Mas não havia ninguém, nem no céu nem na terra nem debaixo da terra, que pudesse abrir o livro, ou sequer olhar para ele.

Aqui, o livro "selado com sete selos" se refere ao contrato forjado entre Deus e o diabo depois da desobediência de Adão e, aquele que é "digno de abrir o livro e romper seus selos", tem de ser qualificado de acordo com a lei de resgate da terra. Quando o apóstolo João procurou por alguém que pudesse abrir o livro e romper os selos, ele não encontrou ninguém.

Ele olhou para os céus e lá havia anjos, e não homens. Olhou para a terra, e só viu descendentes de Adão – todos pecadores. Olhou debaixo da terra, e só viu pecadores destinados ao inferno e seres pertencentes ao diabo. João se derramava em prantos por não achar ninguém que fosse qualificado segundo a lei de resgate da terra (v. 4).

Então, um dos anciãos confortou João dizendo: *"Não chore! Eis que o Leão da tribo de Judá, a Raiz de Davi, venceu para abrir o livro e os seus sete selos"* (v. 5). Aqui, "o Leão da tribo de Judá, a Raiz de Davi" se refere a Jesus, que é da tribo de Judá e da casa de Davi; Jesus Cristo está qualificado para ser o redentor, segundo a lei de resgate da terra.

De Mateus 1:18-21 em diante, encontramos um relato detalhado sobre o nascimento do nosso Senhor:

Foi assim o nascimento de Jesus Cristo: Maria, sua mãe, estava prometida em casamento a José, mas, antes que se unissem, achou-se grávida pelo Espírito Santo. Por ser José, seu marido, um homem justo, e não querendo expô-la à desonra pública, pretendia anular o casamento secretamente. Mas, depois de ter pensado nisso, apareceu-lhe um anjo do Senhor em sonho e disse: "José, filho de Davi, não tema receber Maria como sua esposa, pois o que nela foi gerado procede do Espírito Santo. Ela dará à luz um filho, e você deverá dar-lhe o nome de Jesus, porque ele salvará o seu povo dos seus pecados".

A razão pela qual o único Filho de Deus, Jesus Cristo, veio a esse mundo em carne (João 1:4), através do útero da Virgem Maria é porque Jesus tinha de ser um homem, mas não descendente de Adão, e assim pudesse ser qualificado de acordo com a lei de resgate da terra.

Em terceiro lugar, o redentor tem de ter poder

Imaginemos que o irmão mais novo fique pobre e venda a sua terra, e seu irmão mais velho queira resgatá-la para seu irmão mais novo. Então, o irmão mais velho tem de adquirir meios suficientes, para que possa resgatá-la (Levítico 25:26). Da mesma forma, se o irmão mais novo tiver uma grande dívida e o irmão mais velho quiser pagá-la, este só poderá fazê-lo quando tiver "meios suficientes", e não apenas uma boa intenção.

Semelhantemente, para que um pecador seja transformado em um homem justo, "meios necessários" ou poder são necessários. Aqui, o poder para resgatar a terra se refere ao poder para resgatar todos os homens de seus pecados. Isto é, o redentor de todos os homens, que é qualificado segundo a lei de resgate de terra, não pode ter pecados em si.

Uma vez que Jesus Cristo não é descendente de Adão, Ele não tem pecado original, ou muito menos, nenhum pecado cometido por conta própria. Ele guardou toda a lei durante os Seus 33 anos de vida na terra. Foi circuncidado no oitavo dia após Seu nascimento e, antes dos Seus três anos de ministério, Ele já obedecia a seus pais, amando-os intensamente e devotamente obedecia a todos os mandamentos.

É por isso que Hebreus 7:26 nos diz: *"de um sumo sacerdote como este que precisávamos: santo, inculpável, puro, separado dos pecadores, exaltado acima dos céus"*. Em 1 Pedro 2:22-23, encontramos: *"Ele não cometeu pecado algum, e nenhum engano foi encontrado em sua boca. Quando insultado, não revidava; quando sofria, não fazia ameaças, mas entregava-se àquele que julga com justiça"*.

Em quarto lugar, o redentor tem de ter amor

A fim de que o resgate da terra seja cumprido, além das três condições acima, também é necessário o amor. Sem amor, um irmão mais velho que pode resgatar a terra de seu irmão mais novo não o fará. Mesmo se o mais velho for o homem mais rico nas redondezas, enquanto seu irmão mais novo não tiver um monte astronômico de dívidas, sem amor, o mais velho continuará sem ajudar o mais novo. Que bem o poder e a riqueza do irmão mais velho poderiam fazer para o irmão mais novo?

Em Rute 4 está a história de Boaz, que estava muito bem ciente da condição na qual a sogra de Rute, Naomi, se encontrava. Quando Boaz pediu ao "parente mais próximo" para resgatar a herança de Naomi, este respondeu: *"Nesse caso não*

poderei resgatá-la, pois poria em risco a minha propriedade.
Resgate-a você mesmo. Eu não poderei fazê-lo" (v. 6). Então
Boaz, em seu amor abundante, resgatou a terra para Naomi.
Tempos depois, Boaz foi grandemente abençoada e ele fez parte
da genealogia de Davi.

Jesus, que veio em carne ao mundo, não foi descendente de
Adão porque foi concebido pelo Espírito Santo e não cometeu
pecado algum. Logo, Ele tinha "meios suficientes" para nos
redimir. Se Jesus não tivesse amor, todavia, Ele não teria
suportado a agonia da crucificação. Mas Ele era tão cheio de
amor que foi crucificado por meras criaturas, derramou todo o
seu sangue e redimiu a raça humana, abrindo assim a porta da
salvação. Esse é o resultado do imensurável amor do nosso Deus
Pai e do sacrifício de Jesus que foi obediente até a morte.

O motivo de Jesus ter sido pendurado em uma cruz

Por que Jesus foi pendurado em uma cruz de madeira? Isso foi
para que uma lei do mundo espiritual fosse cumprida, já que ela
diz: *"Cristo nos redimiu da maldição da Lei quando se tornou*
maldição em nosso lugar, pois está escrito: 'Maldito todo
aquele que for pendurado num madeiro'" (Gálatas 3:13). Jesus
foi pendurado no madeiro, em nosso lugar, para que Ele pudesse
redimir a nós pecadores da "maldição da lei".

Levítico 17:11 nos diz: *"Pois a vida da carne está no sangue, e eu o dei a vocês para fazerem propiciação por si mesmos no altar; é o sangue que faz propiciação pela vida".* Hebreus 9:22 diz: *"De fato, segundo a Lei, quase todas as coisas são purificadas com sangue, e sem derramamento de sangue não há perdão".* Sangue é vida porque "não há perdão" sem seu derramamento. Jesus derramou o Seu sangue precioso e inculpável, para que pudéssemos ter vida.

Além do mais, através do sofrimento Dele na cruz, aqueles que creem são libertados da maldição das doenças, enfermidades, pobreza e coisas do tipo. Uma vez que Jesus viveu em pobreza, enquanto estava na terra, Ele cuidou da nossa pobreza. Uma vez que Ele foi açoitado, somos livres de todas as doenças. Uma vez que Ele usou uma coroa de espinhos, Ele nos redimiu dos pecados que cometemos em pensamento. Uma vez que teve suas mãos e pés pregados, Ele nos redimiu de todos os pecados que cometemos com esses membros.

Crer no Senhor é se transformar na verdade

As pessoas que realmente entendem a providência da cruz e creem nela do fundo de seus corações serão libertados dos pecados e viverão segundo a vontade de Deus. Como Jesus nos diz em João 14:23, *"Se alguém me ama, obedecerá à minha palavra. Meu Pai o amará, nós viremos a ele e faremos morada nele",* alguns indivíduos receberão o amor e as bênçãos de Deus.

Então, por que há pessoas que confessam sua fé no Senhor que não recebem respostas às suas orações e vivem em meio a tribulações e aflições? Porque, mesmo dizendo que acreditam em Deus, Deus não considera sua fé como verdadeira. Isso significa que, apesar de ter ouvido a palavra de Deus, elas não se libertaram de seus pecados e ainda não se transformaram na verdade.

Imaginemos, por exemplo, um grande número de crentes que não obedece aos Dez Mandamentos, os fundamentos de uma vida em Cristo. Tais indivíduos sabem que devem se lembrar do dia de sábado e mantê-lo santo, mas ainda assim vão apenas ao culto da manhã deste dia e ainda trabalham no dia do Senhor. Sabem que devem dar os dízimos, mas como seu dinheiro é importante demais para eles, não o fazem ou o fazem pela metade. Quando Deus nos falou especificamente que quando falhamos em dar os dízimos é o mesmo que roubá-Lo, como tais pessoas poderiam então receber respostas e bênçãos? (Malaquias 3:8)

Há ainda aqueles crentes que não perdoam os erros ou falhas dos outros. Ficam nervosos e desenvolvem planos para vingarem com a mesma maldade. Há também quem faz promessas, mas as quebram, e quem culpe e lamente, exatamente do mesmo jeito como as pessoas mundanas agem. Como poderiam essas pessoas professar uma fé verdadeira?

Quando temos uma fé verdadeira, fazemos de tudo para fazer todas as coisas segundo a vontade de Deus, evitamos qualquer tipo de maldade e refletimos o nosso Senhor que rendeu Sua própria vida por nós, pecadores. Pessoas assim conseguem perdoar e amar aos outros sem machucá-los, e sempre servem e se sacrificam pelo próximo.

Quando você se liberta da falta de paciência, você é transformado em um tipo de pessoa cujos lábios só abrem para palavras de conforto e bondade. Se antes você reclamava em toda e qualquer ocasião, com a fé verdadeira você passa a dar graças e compartilhar da graça de Deus com todos ao seu redor, independente das circunstâncias.

Se verdadeiramente cremos no Senhor, cada um de nós deve parecer-se com Ele e levar uma vida transformada. É esse o segredo para recebermos as bênçãos e respostas de Deus.

Hebreus 12:1-2 nos diz:

Portanto, também nós, uma vez que estamos rodeados por tão grande nuvem de testemunhas, livremo-nos de tudo o que nos atrapalha e do pecado que nos envolve, e corramos com perseverança a corrida que nos é proposta, tendo os olhos fitos em Jesus, autor e consumador da nossa fé. Ele, pela alegria que lhe fora proposta, suportou a cruz, desprezando a vergonha, e assentou-se à direita do trono de Deus.

À parte dos diversos patriarcas da fé que encontramos na Bíblia, há, entre nós, muitos que receberam a salvação e bênçãos pela sua fé em nosso Senhor.

Como "uma grande nuvem de testemunhas", que possamos possuir a verdadeira fé! Que lancemos fora tudo aquilo que nos prejudica e o pecado que nos embaraça facilmente, e lutemos para refletir o nosso Senhor! Só então, como Jesus nos promete em João 15:7: *"Se vocês permanecerem em mim, e as minhas palavras permanecerem em vocês, pedirão o que quiserem, e lhes será concedido"*, é que cada um de nós levará vida que será cheia de Suas bênçãos e respostas.

Se você ainda não está vivendo de tal maneira, olhe para sua vida, renda o seu coração e se arrependa de não ter crido no Senhor corretamente, e decida viver somente pela palavra de Deus.

Que cada um de vocês possa possuir a fé verdadeira, experimentar o poder de Deus e glorificá-Lo intensamente por todas as Suas bênçãos e respostas. Em nome do nosso Senhor Jesus Cristo, eu oro!

Um Vaso Mais Belo que uma Pedra Preciosa

- Os filhos amados de Deus comparados a vasos
- Bênçãos para vasos mais belos que pedras preciosas

2 Timóteo 2:20-21

Numa grande casa há vasos não apenas de ouro e prata, mas também de madeira e barro; alguns para fins honrosos, outros para fins desonrosos. Se alguém se purificar dessas coisas, será vaso para honra, santificado, útil para o Senhor e preparado para toda boa obra.

Deus criou o ser humano para que Ele pudesse colher verdadeiros filhos, com os quais Ele compartilharia amor. Contudo, as pessoas pecaram, desviando-se do verdadeiro propósito de sua criação e se tornaram escravas do nosso inimigo, Satanás (Romanos 3:23). O Deus de amor, entretanto, não desistiu do objetivo de colher verdadeiros filhos. Ele abriu o caminho da salvação para as pessoas encontradas em meio ao pecado. Deus enviou seu único Filho para ser crucificado na cruz, para que Ele pudesse redimir todos os homens de suas transgressões.

Através desse incrível amor acompanhado de um grande sacrifício, o caminho da salvação foi aberto para qualquer pessoa que crer em Jesus Cristo. Quem que crê em seu coração que Jesus morreu e ressuscitou, e confessa com seus lábios que Jesus é o seu Salvador, ganha o direito de ser filho de Deus.

Os filhos amados de Deus comparados a vasos

Como vemos em 2 Timóteo 2:20-21: *"Numa grande casa há vasos não apenas de ouro e prata, mas também de madeira e barro; alguns para fins honrosos, outros para fins desonrosos. Se alguém se purificar dessas coisas, será vaso para honra, santificado, útil para o Senhor e preparado para toda boa obra"*, o propósito de um vaso é conter objetos. Deus compara Seus filhos a "vasos" porque neles Ele pode colocar o Seu amor e graça, Sua palavra, que é a verdade, Seu poder e autoridade. Portanto, devemos entender que dependendo do tipo de vaso que construímos, podemos desfrutar de todos os tipos de dons e bênçãos que Deus preparou para nós.

Que tipo de vaso, então, é a pessoa que pode receber e conter todas as bênçãos que Deus preparou? É o vaso que Deus considera precioso, nobre e lindo.

Em primeiro lugar, um vaso "precioso" é aquele que cumpre completamente o dever dado por Deus. João Batista, que preparou o caminho para nosso Senhor Jesus, e Moisés, que tirou os israelitas do Egito, pertencem a essa categoria.

Em seguida, um vaso "nobre" é a pessoa que tem qualidades como a honestidade, autenticidade, determinação e fidelidade, sendo todas elas raras em pessoas ordinárias. José e Daniel, ambos com cargos equivalentes ao de primeiro ministro em países poderosos dos dias de hoje, que glorificavam muito a Deus, pertencem a essa categoria.

Por último, um vaso "lindo" diante de Deus é a pessoa de bom coração que nunca briga ou discute, mas verdadeiramente aceita e tolera todas as coisas. Ester, que salvou seu compatriota e Abraão, que foi chamado "amigo de Deus" pertencem a essa categoria.

"Um vaso mais lindo que uma Pedra preciosa" é o indivíduo que possui características que fazem dele precioso, nobre e lindo aos olhos de Deus. Uma pedra preciosa em meio a pedras comuns pode ser imediatamente notada. Da mesma maneira, todas as pessoas de Deus, que são mais belas que pedras preciosas, são sem dúvida percebidas.

A maioria das pedras preciosas são caras, principalmente em relação ao seu tamanho, mas seu brilho e cores distintas atraem muitas pessoas que buscam beleza. Contudo, nem toda pedra que brilha é considerada preciosa. Pedras genuínas também devem ter cor e solidez física. Aqui, "solidez física" se refere à capacidade de seu material de suportar o calor, não ser contaminado quando em contato com outras substâncias, e de manter sua forma. Outro importante fator é a escassez.

Se vemos um vaso de magnífico brilho, solidez física e escassez, então quão precioso, nobre e lindo ele seria? Deus quer que Seus filhos se tornem vasos mais lindos que pedras preciosas e também deseja que tenham vidas abençoadas. Quando Deus encontra tais vasos, Ele derrama abundantemente os sinais de Seu amor e deleite sobre eles.

Como podemos nos tornar vasos mais lindos que pedras preciosas aos olhos de Deus?

Primeiro, você deve alcançar a santidade do seu

coração através da palavra de Deus, que é a própria verdade.

Para que um vaso seja usado conforme seu propósito original, é preciso que, antes de qualquer outra coisa, ele esteja limpo. Mesmo um vaso caro, de ouro, não pode ser usado se está manchado ou arranhado. Só quando este é limpo com água é que ele pode ser usado segundo a finalidade que possui.

A mesma regra se aplica aos filhos de Deus. Para Seus filhos, Deus preparou bênçãos abundantes e uma variedade de dons, bênçãos de riquezas e saúde e coisas do tipo. Para que possamos receber tais bênçãos e dons, devemos primeiro nos preparar como vasos limpos.

Em Jeremias 17:9 vemos: *"O coração é mais enganoso que qualquer outra coisa e sua doença é incurável. Quem é capaz de compreendê-lo?"* Também encontramos em Mateus 15:18-19 Jesus dizendo: *"Mas as coisas que saem da boca vêm do coração, e são essas que tornam o homem 'impuro'. Pois do coração saem os maus pensamentos, os homicídios, os adultérios, as imoralidades sexuais, os roubos, os falsos testemunhos e as calúnias".* Uma vez um vaso limpo, nenhum de nós terá "maus pensamentos", pronunciará palavras más ou fará alguma má obra.

A limpeza dos nossos corações só é possível com a água espiritual, a palavra de Deus. É por isso que a Bíblia nos diz em

Efésios 5:26: *"para santificar [nos], tendo [nos] purificado pelo lavar da água mediante a palavra"*, e nos incentiva dizendo: *"aproximemo-nos de Deus com um coração sincero e com plena convicção de fé, tendo os corações aspergidos para nos purificar de uma consciência culpada, e tendo os nossos corpos lavados com água pura"* (Hebreus 10:22).

Então, como a água espiritual – a palavra de Deus – nos limpa? Devemos obedecer aos vários mandamentos encontrados nos sessenta e seis livros da Bíblia, que servem para "limpar" nossos corações. Obedecer a tais mandamentos como os "Nãos" e os "Despojais" nos levará a nos livrar de tudo que é pecaminoso e mau.

O comportamento daqueles que limpam seus corações com a palavra de Deus também muda e emite a luz de Cristo. Entretanto, obedecer à palavra não vem só da força e força de vontade da pessoa, mas o Espírito Santo é quem a guia e ajuda.

Quando escutamos e entendemos a Palavra, quando abrimos nossos corações e aceitamos Jesus como nosso Salvador, Deus nos dá o Espírito Santo. Este habita nas pessoas que aceitaram Jesus como seu Salvador e as ajuda a ouvir e entender a palavra da verdade. As Escrituras nos dizem: *"O que nasce da carne é carne, mas o que nasce do Espírito é espírito"* (João 3:6). Os filhos de Deus que recebem o Espírito Santo como um dom, um presente, podem se livrar do pecado e da maldade todos os dias pelo Seu poder, tornando-se pessoas espirituais.

Por um acaso há alguém agora ansioso e preocupado, pensando: 'Como conseguirei obedecer a todos aqueles mandamentos?'

1 João 5:2-3 nos lembra: *"Assim sabemos que amamos os filhos de Deus: amando a Deus e obedecendo aos seus mandamentos. Porque nisto consiste o amor a Deus: em obedecer aos seus mandamentos. E os seus mandamentos não são pesados"*. Se você amar a Deus de todo o seu coração, não será difícil obedecer a Seus mandamentos.

Quando os pais ganham um filho, eles cuidam de todos os seus aspectos, incluindo alimentação, vestimenta, banho e coisas do tipo. Se pais cuidam de seu próprio filho, o cuidar é leve, mas quando pais cuidam de uma criança, que não é a sua, podem sentir aquilo como um fardo pesado. Quando se trata do próprio filho, mesmo quando a criança acorda e começa a chorar no meio da noite, os pais não se chateiam; mas simplesmente amam aquele bebê. Fazer algo a alguém que se ama é motivo de grande alegria e felicidade; não é difícil ou irritante. Da mesma forma, se verdadeiramente cremos que Deus é o Pai dos nossos espíritos e, em seu imensurável amor, Ele enviou o Seu único Filho para ser crucificado na cruz por nós, como poderíamos não amá-Lo? Ademais, se amamos a Deus, viver segundo a Sua palavra não é difícil. Difícil, árduo e agonizante será se não vivermos conforme a palavra de Deus e não obedecermos à Sua vontade.

Eu havia tido muitas doenças por sete anos, até minha irmã me levar a um santuário de Deus. Ao receber o fogo do Espírito Santo e a cura para todas as minhas enfermidades no momento em que me ajoelhei naquele lugar, encontrei-me com o Deus vivo. Isso foi em 17 de abril de 1974. Desde então, comecei a frequentar todos os tipos de cultos em completa gratidão à graça de Deus. Em novembro daquele mesmo ano fui ao meu primeiro encontro de avivamento onde comecei a aprender sobre a Palavra de Deus – os fundamentos para a vida em Cristo:

'Ah, é assim que Deus é!'
'Devo livrar-me de todos os meus pecados'.
'É isso o que acontece quando eu creio!'
'Tenho de parar de beber e fumar'.
'Devo orar continuamente'.
'É minha obrigação dar os dízimos,
E não é para eu ir diante de Deus com mãos vazias'.

Durante toda aquela semana tudo que eu fazia era receber a palavra com um "Amém!" em meu coração.

Depois do encontro, parei de fumar e beber, e comecei a dar os dízimos e ofertas em ação de graças. Também comecei a orar nas madrugadas e gradativamente me tornei um homem de oração. Fiz tudo exatamente da forma como tinha aprendido e comecei a ler a Bíblia também.

Fui curado pelo poder de Deus, em um instante, de todas as minhas doenças e enfermidades, para as quais não havia achado nenhum meio mundano de cura. Portanto, pude crer completamente em cada versículo e capítulo da Bíblia. Uma vez que, naquela época, eu era um recém-convertido, havia algumas partes das Escrituras que eu não conseguia compreender facilmente. Contudo, eu podia entender os mandamentos e comecei a obedecer a eles imediatamente. Quando a Bíblia me dizia, por exemplo, para não mentir, eu dizia a mim mesmo: "Mentir é pecado! A Bíblia me diz que eu não posso mentir, então não vou mentir". Também orava: "Deus, por favor, ajude-me a me livrar da mentira 'sem querer!'" não que eu havia enganado pessoas com maldade em meu coração, mas eu orava intensamente, para que eu parasse de mentir com as 'mentirinhas bobas' ou 'sem querer'.

Muitas pessoas mentem e a maioria delas não percebe que está mentindo. Quando alguém, com quem você não gostaria de conversar ao telefone, liga, você alguma vez naturalmente já pediu aos seus filhos, colegas de trabalho ou amigos para dizer à pessoa: "Diz a ele/ela que eu não estou aqui". Muitos mentem porque são "solidários" a outros. Tais pessoas mentem quando, por exemplo, alguém lhes pergunta se aceitam comer ou beber algo, quando estão visitando alguém. Mesmo se estiverem com fome ou sede, os visitantes que não querem ser um "fardo",

O autor – Jaerock Lee

geralmente dizem aos anfitriões: "Não, obrigado. Comi (ou bebi) algo antes de vir para cá". Entretanto, depois que descobri que mentir mesmo com boas intenções continua sendo mentir, orei continuamente, a fim de me livrar da mentira e, no fim, consegui me desfazer até das mentiras sutis, "bobas".

Além disso, eu fiz uma lista com tudo que era mau e pecaminoso, para eu me livrar de tais coisas e orei. Só depois que estava convencido de que eu, com certeza, havia me despojado de um hábito mau ou pecaminoso é que eu o riscava da lista com caneta vermelha. Quando tinha algo que era difícil de eu me ver livre, mesmo depois de oração, eu começava a jejuar. Se o hábito pecaminoso ainda persistia depois de três dias de jejum, eu então fazia cinco. Se eu repetisse o mesmo pecado, eu embarcava em sete dias de jejum. No entanto, raramente tive de jejuar por uma semana; depois de um jejum de três dias eu geralmente conseguia me livrar da maioria dos pecados e maldades. À medida em que eu me despojava do mal, repetindo esse processo, mais limpo eu, como vaso, me tornava.

Três anos depois de conhecer o Senhor, eu já estava livre de tudo que desobedecia à palavra de Deus e podia ser considerado um vaso limpo aos Seus olhos. Ademais, guardei os mandamentos diligente e devidamente, incluindo os "Fazeis" e os "Guardais". Pude passar a viver pela Sua palavra em pouco tempo. Como alguém transformado em um vaso limpo, Deus me abençoou abundantemente. Minha família recebeu as bênçãos da saúde. Pude pagar prontamente todas as nossas dívidas. Recebi tanto bênçãos físicas como espirituais. Isso porque a Bíblia garante o seguinte: *"Amados, se o nosso coração não nos condenar, temos confiança diante de Deus e recebemos dele tudo o que pedimos, porque obedecemos aos seus mandamentos e fazemos o que lhe agrada"* (1 João 3:21-22).

Segundo, a fim de se tornar um vaso mais belo que uma pedra preciosa, você deve ser "refinado pelo fogo" e irradiar a luz espiritual.

Gemas caras em anéis e colares já foram impuras uma vez. Contudo, elas foram refinadas por lapidários e passaram então a emitir luzes brilhantes e possuir lindas formas.

Assim como esses habilidosos lapidários cortam, pulem e refinam com fogo essas gemas e as fazem ter lindas formas com grande brilho, Deus disciplina Seus filhos, não por causa dos seus pecados, mas para que através da disciplina Ele possa abençoá-los física e espiritualmente. Aos olhos de Seus filhos que não pecaram ou não fizeram nada de errado, pode parecer que eles tenham de suportar a dor e o sofrimento das provações. Trata-se pois de um processo pelo qual Deus treina e disciplina Seus filhos para que eles possam emitir cores e brilho ainda mais bonitos. 1 Pedro 2:19 nos lembra: *"Porque é louvável que, por motivo de sua consciência para com Deus, alguém suporte aflições sofrendo injustamente". Também lemos que "Assim acontece para que fique comprovado que a fé que vocês têm, muito mais valiosa do que o ouro que perece, mesmo que refinado pelo fogo, é genuína e resultará em louvor, glória e honra, quando Jesus Cristo for revelado"* (1 Pedro 1:7).

Mesmo quando os filhos de Deus já se veem livres de todo tipo de maldade e se tornam vasos santificados, em Seu tempo, Deus permite que eles sejam disciplinados e provados para que possam vir a ser vasos mais belos que pedras preciosas. Como a segunda metade de 1 João 1:5 nos diz: *"Deus é luz; nele não há treva alguma"*, uma vez que Deus é a própria luz gloriosa, sem mancha ou culpa, Ele guia Seus filhos ao mesmo nível de luz.

Assim, quando você passa por qualquer provação permitida por Deus em amor e bondade e é aprovado, você se torna um vaso mais brilhante e belo. O nível de poder e autoridade espirituais varia de acordo com o brilho da luz espiritual. Além disso, quando a luz espiritual brilha, o inimigo não prevalece.

Em Marcos 9, há uma cena onde Jesus expulsa um demônio de um garoto, cujo pai implorou a Jesus que curasse seu filho. Jesus repreendeu o espírito maligno: *"Espírito mudo e surdo, eu ordeno que o deixe e nunca mais entre nele"* (v. 25). O espírito então saiu do menino e ele ficou são novamente. Antes desse acontecimento, há um outro episódio onde o pai levou seu filho aos discípulos de Jesus e estes não conseguiram expulsar o mal.

Isso porque o nível de luz espiritual dos discípulos era diferente do de Jesus.

Então, o que devemos fazer, já que temos de ter o mesmo nível de luz espiritual de Jesus? Podemos ser vitoriosos em qualquer provação, se nos agarrarmos em Deus com fé, superando o mal com o bem e até mesmo amando o inimigo. Consequentemente, uma vez que sua bondade, amor e justiça são considerados genuínos, como Jesus, você passa a conseguir expulsar espíritos malignos e curar qualquer doença ou enfermidade.

Bênçãos para vasos mais belos que pedras preciosas

Na minha caminhada de fé, ano após ano, também já suportei inúmeras provações. Por exemplo, sob acusação de um programa de televisão, há alguns anos atrás, passei por um período doloroso e agonizante como a morte. O que piorava a situação ainda é que pessoas, que haviam recebido alguma graça através de mim e muitas outras que eu considerava chegadas como membros da minha família, me traíram.

Para as pessoas mundanas, eu me tornei um alvo de mal-entendidos e alvo de culpa, enquanto muitos membros da Manmin sofriam e eram erroneamente perseguidos. Todavia, a igreja e eu suportamos aquela provação com bondade e, enquanto rendíamos tudo a Deus, implorávamos ao Deus de amor e misericórdia que tais pessoas fossem perdoadas.

Não odiei ou abandonei ninguém que havia saído ou tornado as coisas difíceis para a igreja. No meio dessa pesada provação eu acreditava fielmente que meu Pai me amava. Foi assim que pude enfrentar mesmo aqueles que nos haviam feito mal, só com bondade e amor. Assim como um aluno recebe o reconhecimento por seu trabalho duro e mérito, quando recebe uma boa nota em uma prova, uma vez que minha fé, bondade, amor e justiça receberam o reconhecimento de Deus, Ele me abençoou, para que eu pudesse manifestar o Seu poder de forma ainda maior.

Passada a provação, Ele abriu a porta pela qual eu cumpriria a missão mundial. Deus trabalhou para que dezenas, centenas de milhares e até mesmo milhões de pessoas pudessem se reunir em cruzadas internacionais que eu conduzo. E Ele tem estado comigo com Seu poder que transcende o tempo e o espaço.

A luz espiritual que Deus coloca em nós é mais luminosa e linda que qualquer pedra preciosa deste mundo. Os filhos de Deus que possuem essa luz são considerados por Ele mais belos que pedras preciosas.

Portanto, que cada um de vocês se santifique rapidamente e se torne um vaso que emita a luz espiritual advinda das provações e seja mais lindo que uma pedra preciosa, para que possa receber qualquer coisa que pedir e ter uma vida abençoada. Em nome do nosso Senhor Jesus Cristo, eu oro!

Mensagem 4

A Luz

- A luz espiritual
- Caminhe na luz para conhecer a Deus
- Comunhão com Deus, quando andamos na luz
- Patriarcas da fé que tiveram verdadeira comunhão com Deus
- Bênçãos para pessoas que andam na luz
- Estou vivendo na luz?

1 João 1:5

*Esta é a mensagem que dele ouvimos
e transmitimos a vocês:
Deus é luz; nele não há treva alguma.*

Existem vários tipos de luz espiritual e em cada um deles está uma diferente e incrível habilidade. Sobretudo, a luz em si já prevalece sobre as trevas, promove o calor e mata qualquer fungo ou bactéria prejudiciais a nós. Com a luz, as plantas se mantêm vivas através da fotossíntese.

Entretanto, existe a luz física, a qual podemos ver a olhos nus e tocar; e a espiritual, a qual não podemos fazer nenhuma das duas coisas. Assim como a luz física pode promover várias coisas, a luz espiritual também possui inúmeras habilidades. Quando a luz brilha durante a noite, a escuridão vai embora.

Da mesma forma, quando a luz espiritual brilha em nossa vida, a escuridão desaparece rapidamente, à medida que caminhamos no amor e na misericórdia de Deus. Uma vez que as trevas espirituais são a raiz das doenças e problemas em casa, no trabalho e nos relacionamentos, não conseguimos ter o conforto verdadeiro, se a luz espiritual não brilhar em nossas vidas. Quando temos essa luz, entretanto, até mesmo problemas, cuja solução vai além da capacidade humana, podem ser resolvidos e todos os nossos desejos respondidos.

A luz espiritual

O que é a luz espiritual e como ela funciona? Na segunda metade de 1 João 1:5 vemos: *"Deus é luz; nele não há treva alguma"*, e em 1 João 1:1: *"A Palavra era Deus"*. Resumindo, "luz" é algo que não se refere apenas ao próprio Deus, mas também à Sua palavra que é a verdade, a bondade e o amor. Antes da criação das coisas, Deus havia existido sozinho na vastidão do universo e não tinha nenhuma forma, mas a união de luz e som. E, assim, Ele cuidava de tudo. Uma luz brilhante, magnificente e linda rodeava todo o universo e daquela luz vinha uma voz elegante, clara e sonora.

Deus, então, que existia como luz e som, planejou a providência da cultivação da espécie humana para colher filhos verdadeiros. Ele Se deu uma forma, Se separou na Trindade e, em Sua própria imagem, criou o homem. Contudo, a essência de Deus continua sendo a luz e o som e Ele continua trabalhando através deles. Mesmo na forma de um ser humano, no ser que Ele estiver haverá a luz e som do Seu infinito poder.

Além do poder de Deus, há também outros elementos da verdade nessa luz, como o amor e a bondade. Os sessenta e seis livros da Bíblia são uma coleção de verdades a respeito da luz espiritual, que são reproduzidas através de um som. Em outras palavras, "luz" se refere a todos os mandamentos e versículos na Bíblia sobre bondade, justiça e amor, incluindo o "Amai uns aos outros", "Orai incessantemente", "Guardai o sábado", "Obedecei aos dez mandamentos" e coisas do tipo.

Caminhe na luz para conhecer a Deus

Enquanto Deus governa o mundo da luz, o inimigo, o diabo e Satanás governam o mundo das trevas. Além do mais, uma vez que o inimigo se opõe a Deus, as pessoas que vivem no mundo das trevas não podem conhecê-Lo. Logo, a fim de conhecer a Deus, ter seus problemas resolvidos e receber respostas, você deve sair do mundo das trevas e entrar no da luz o quanto antes possível.

Na Bíblia encontramos vários mandamentos "Fazei", que nos mandam fazer algo. Eles incluem "Amai o vosso próximo", "Servi um ao outro", "Orai", "Sede gratos", etc. Há também os mandamentos "Guardai", como "Guardai santo o sábado", "Guardai os dez mandamentos", "Guardai os mandamentos de Deus", etc. Há também diversos mandamentos "Não façais", como "Não mintais", "Não odieis", "Não busqueis o vosso próprio interesse", "Não adoreis a ídolos", Não roubeis", "Não sejais ciumentos", "Não invejeis", Não fofoqueis", entre outros. Há ainda os "Despojai", que incluem "Despojai de toda forma de mal", "Despojai dos ciúmes", "despojai da ganância", etc.

Por um lado, obedecer a esses mandamentos de Deus é viver

na luz, refletir nosso Senhor e refletir Deus Pai. Por outro lado, se você não agir conforme aquilo que Deus lhe diz, não guardar aquilo que Ele fala com você para guardar, se fizer o que Ele diz para não fazer e não se livrar ou despojar daquilo que Ele diz para se livrar, você continuará na escuridão. Portanto, devemos nos lembrar que desobedecer à palavra de Deus significa estar no mundo das trevas, governado pelo inimigo Satanás. Por isso, devemos sempre viver pela palavra de Deus e andar na luz.

Comunhão com Deus, quando andamos na luz

Como diz a primeira metade de 1 João 1:7: *"Se, porém, andarmos na luz, como ele está na luz, temos comunhão uns com os outros"*; só quando andamos na luz e habitamos nela é que podemos ser considerados como quem tem comunhão com Deus.

Assim como há comunhão entre um pai e seus filhos, devemos também ter comunhão com Deus, o Pai de nossos espíritos. Entretanto, a fim de estabelecer e manter essa comunhão com Ele, devemos atender a um pré-requisito: despojarmo-nos do pecado, caminhando na luz. É por isso que: *"Se afirmarmos que temos comunhão com ele, mas andamos nas trevas, mentimos e não praticamos a verdade"* (1 João 1:6).

"Comunhão" não é algo unilateral. Só pelo fato de você saber de alguém não significa que você tem comunhão com essa pessoa. Somente quando ambos os lados ficam perto o suficiente para se conhecer, confiar, depender e conversar um com o outro é que pode haver "comunhão" entre as duas partes.

Por exemplo, a maioria de vocês conhece o rei ou o presidente de seu país. Não importa o quão bem você possa conhecê-lo; se ele não o conhece, não há comunhão entre você e ele. Ademais, em se tratando de comunhão, há diferentes profundidades da mesma. As duas pessoas envolvidas podem ser meras conhecidas, podem ser um pouco mais chegadas uma à outra para perguntar como está, de tempo em tempo, ou as duas podem ter uma relação íntima na qual dividem até mesmo os mais profundos segredos.

O mesmo acontece com o relacionamento com Deus. A fim de que o nosso relacionamento com Ele seja o de uma comunhão verdadeira, Deus tem de nos conhecer e reconhecer. Quando temos profunda comunhão com Ele, não ficamos fracos ou doentes e jamais ficamos sem respostas. Deus quer dar a Seus filhos sempre o melhor e nos diz em Deuteronômio 28 que, quando Lhe obedecemos completamente e observamos cuidadosamente Seus mandamentos, somos abençoados na entrada e na saída, emprestamos e não pegamos emprestado e somos cabeça e não cauda.

Patriarcas da fé que
tiveram verdadeira comunhão com Deus

Que tipo de comunhão Davi, a quem Deus considerou como *"homem segundo o Meu coração"* (Atos 13:22), teve com Ele? Davi O amou, temeu e dependeu completamente Dele a todo o tempo. Quando fugia de Saul ou saindo para uma batalha, Davi sempre perguntava: "Devo ir? Para onde?, como uma criança perguntando aos seus pais o que fazer. E fazia tudo conforme o que Deus lhe dizia. Além disso, Deus sempre deu a Davi respostas amáveis e detalhadas. E como Davi sempre fazia tudo segundo o que lhe era dito, ele sempre obtinha vitória atrás de vitória (2 Samuel 5:19-25).

Davi pôde desfrutar de um lindo relacionamento com Deus porque, com sua fé, ele O agradava. Por exemplo, nos primeiros anos do reino do Rei Saul, os filisteus invadiram Israel. Estes eram liderados por Golias, que zombava das tropas israelenses e blasfemava e afrontava o nome de Deus. Contudo, ninguém do campo de Israel ousava desafiar Golias. Naquela época, apesar de ainda jovem, Davi, desarmado e com cinco pedras e uma atiradeira foi enfrentar Golias, porque acreditava no Deus onipotente de Israel e que a batalha pertencia a Ele (1 Samuel 17). Deus trabalhou de forma que a pedra de Davi acertasse a testa de Golias. Depois que este morreu, a maré virou e Israel obteve total vitória.

Por causa de sua fé firme, Davi foi considerado *"homem segundo o meu coração"* por Deus e, como o pai e o filho que discutem sobre tudo com intimidade, Davi podia alcançar todas as coisas, com Deus ao seu lado.

A Bíblia também nos diz que Deus falou com Moisés face a face. Por exemplo, quando Moisés pediu corajosamente a Deus que Ele lhe mostrasse Sua face, Deus estava ansioso para dar-lhe tudo que pedia (Êxodo 33:18). Como pôde Moisés ter um relacionamento tão íntimo com Deus?

Pouco tempo depois que Moisés tirou os israelitas do Egito, ele jejuou e se comunicou com Deus por quarenta dias seguidos no Monte Sinai. Com a demora do retorno de Moisés, os israelitas fizeram uma imagem para ser idolatrada. Ao ver isso, Deus disse a Moisés que iria destruir aquele povo e fazer de Moisés uma grande nação (Êxodo 32:10).

Diante disso, Moisés implorou a Deus: *"Arrepende-te do fogo da tua ira! Tem piedade, e não tragas este mal sobre o teu povo!"* (Êxodo 32:12b) No dia seguinte, ele implorou a Deus novamente: *"Ah, que grande pecado cometeu este povo! Fizeram para si deuses de ouro. Mas agora, eu te rogo, perdoa-lhes o pecado; se não, risca-me do teu livro que escreveste"* (Êxodo 32:31-32). Como essas orações são incríveis e cheias de amor!

Além disso, encontramos em Números 12:3: Ora, *"Moisés*

era um homem muito humilde, mais do que qualquer outro que havia na terra". Números 12:7 diz: *"Não é assim, porém, com meu servo Moisés, que é fiel em toda a minha casa".* Com seu grande amor e coração manso, Moisés pôde ser fiel em toda a casa de Deus e desfrutar de uma comunhão íntima com Ele.

Bênçãos para pessoas que andam na luz

Jesus, que veio ao mundo como a luz do mundo, ensinou somente a verdade e o evangelho do céu. As pessoas das trevas, que pertenciam ao inimigo, entretanto, não conseguiam compreender a luz, mesmo quando era explicada. Em sua oposição, elas não a aceitavam nem recebiam a salvação, mas seguiam para o caminho da destruição.

Pessoas com um bom coração veem seus pecados, arrependem-se e alcançam a salvação através da luz da verdade. Seguindo os desejos do Espírito Santo, elas também dão a luz a um espírito e andam na luz diariamente. A falta de sabedoria ou habilidade de sua parte não é mais um problema. Elas estabelecem uma comunhão com Deus, que é luz, e recebem a voz e a supervisão do Espírito Santo. Então, tudo passa a ir bem com elas e elas recebem a sabedoria dos céus. Mesmo quando elas têm problemas que são embaraçados com a teia da aranha, nada pode impedi-las de resolvê-los e nenhuma barreira pode bloquear seu caminho, pois o Espírito Santo as instrui pessoalmente sobre cada passo a ser tomado.

Como 1 Coríntios 3:18 nos chama atenção: *"Não se enganem. Se algum de vocês pensa que é sábio segundo os padrões desta era, deve tornar-se "louco" para que se torne sábio"*, devemos entender que a sabedoria deste mundo é tolice diante de Deus.

Ademais, Tiago 3:17 ainda diz: *"Mas a sabedoria que vem do alto é antes de tudo pura; depois pacífica, amável, compreensiva, cheia de misericórdia e de bons frutos, imparcial e sincera"*. Quando alcançamos a santificação e vamos para a luz, a sabedoria dos céus desce sobre nós. Quando andamos na luz, também alcançamos o nível no qual permanecemos sempre felizes, mesmo diante da falta de alguma coisa (e inclusive não sentimos falta de nada, mesmo a realidade sendo outra, o nosso sentimento é esse).

O apóstolo Paulo confessa em Filipenses 4:11: *"Não estou dizendo isso porque esteja necessitado, pois aprendi a adaptar-me a toda e qualquer circunstância"*. Da mesma forma, se andarmos na luz e alcançarmos a paz de Deus, a paz e a alegria Dele transbordarão em nossas vidas. Pessoas que são pacíficas com as outras não discutem ou são hostis com sua família, mas como amor e graça fluem em seus corações, confissões de ações de graças não cessam de sair de seus lábios.

Além do mais, quando andamos na luz e refletimos Deus o

tanto que somos capazes, como Ele nos diz em 3 João 1:2: *"Amado, oro para que você tenha boa saúde e tudo lhe corra bem, assim como vai bem a sua alma"*. Certamente, recebemos não apenas as bênçãos da prosperidade, mas também a autoridade, habilidade e poder de Deus, que é luz.

Depois que Paulo encontrou o Senhor e passou a andar na luz, Deus o capacitou a manifestar incrível poder como apóstolo dos gentios. Apesar de Estêvão ou Filipe não serem profetas ou estarem entre os discípulos de Jesus, Deus ainda operou grandemente através deles. Atos 6:8, vemos que *"Estêvão, homem cheio da graça e do poder de Deus, realizava grandes maravilhas e sinais entre o povo"*. Em Atos 8:6-7, também vemos: *"Quando a multidão ouviu Filipe e viu os sinais miraculosos que ele realizava, deu unânime atenção ao que ele dizia. Os espíritos imundos saíam de muitos, dando gritos, e muitos paralíticos e mancos foram curados"*.

Uma pessoa pode manifestar o poder de Deus, à medida que se santifica, andando na luz e refletindo o Senhor. Até hoje foram poucas as pessoas que manifestaram o poder de Deus. Contudo, mesmo entre aqueles que puderam manifestar o Seu poder, a magnitude do poder manifestado se diferenciava de acordo com o tanto que cada pessoa refletia Deus, que é luz.

Estou vivendo na luz?

Para que possamos receber a maravilhosa bênção derramada sobre aqueles que andam na luz, cada um de nós deve primeiro se perguntar e examinar a si mesmo: "Estou vivendo na luz?"

Mesmo que não tenha um problema específico, você deve se examinar para ver se tem tido uma vida "morna" em Cristo, ou se tem ou não ouvido e sido governado pelo Espírito Santo. Se não, você deve despertar-se desse sonambulismo espiritual.

Se você já conseguiu se livrar de certa quantidade de maldade, não deve ficar satisfeito; como a criança amadurece e vira um adulto, você também deve alcançar a fé dos patriarcas. Você deve ter comunhão profunda e amizade íntima com Deus.

Se está correndo em direção à santificação, você deve detectar até mesmo os mais minúsculos restos de maldade em si e arrancá-los desde a raiz. Quanto mais autoridade você tiver e quanto mais cabeça se tornar, mais servirá e procurará os interesses dos outros. Quando os outros, incluindo aqueles menores que você, apontarem suas falhas, você deve ser capaz de analisar o que dizem. Ao invés de sentir-se ressentido ou constrangido e ignorar aqueles que andam em caminhos carnais e praticam a maldade, você deve ser capaz de tolerar e se compadecer deles com amor e gentileza,. Você não deve descontar nada ou desprezar alguém. Nem desconsiderar os outros com a sua própria justiça ou destruir a paz.

Eu tenho demonstrado mais amor ao mais jovem, mais pobre e ao mais fraco. Como os pais que se preocupam mais com os filhos que estão doentes e fracos, tenho orado mais intensamente pelas pessoas em situações difíceis, sem nunca desconsiderá-las e tenho tentado servi-las de todo o coração. Aqueles que andam na luz devem ter compaixão até mesmo de gente que já fez coisas horríveis, sendo capazes de perdoar-lhes e cobrir suas faltas em vez de expô-las.

Mesmo fazendo a obra de Deus, você não pode mostrar ou expor o seu próprio mérito ou realização, mas sim reconhecer os esforços dos outros com os quais você trabalha; e quando seus esforços são reconhecidos e elogiados, você deve ficar ainda mais feliz e alegre.

Você consegue imaginar o quanto Deus ama aqueles filhos, cujos corações refletem o coração do Senhor? Da maneira como Ele caminhou com Enoque por 300 anos, Deus caminhará com os filhos que O refletirem. Além disso, Ele lhes dará não apenas bênçãos de saúde e de ter tudo indo bem, mas também o Seu poder, através do qual Ele operará grandes coisas em vasos preciosos.

Assim sendo, mesmo que você ache que tenha fé e ame a Deus, que você volte a examinar sua fé e amor e veja se são realmente do tipo reconhecido por Ele, e ande na luz para que sua vida transborde evidências do amor de Deus e da comunhão com Ele. Em nome do nosso Senhor Jesus Cristo, eu oro!

Mensagem 5

O Poder da Luz

- O apóstolo Paulo manifestou o poder de Deus de maneira
    tal que chegou até a ser considerado "Deus"
- O poder de Deus, que é luz
- Diferenças entre a autoridade, habilidade e o poder de Deus
- A diferença entre o dom da cura e poder
- Quatro níveis do poder de Deus, que é luz
- O maior poder da criação
- Recebendo o poder de Deus, que é luz

1 João 1:5

Esta é a mensagem que dele ouvimos
e transmitimos a vocês: Deus é luz;
nele não há treva alguma.

Na Bíblia há diversos exemplos de pessoas recebendo salvação, curas e respostas através do verdadeiro e extraordinário poder de Deus, manifestado através de Seu Filho Jesus. Quando Jesus ordenava, todos os tipos de doenças eram imediatamente curadas e as enfermidades eram saradas.

O cego recebeu a visão; o mudo, a fala e o surdo, a audição. Um homem com a mão ressequida foi curado, o coxo passou a andar e o os paralíticos receberam a cura. Além disso, os espíritos malignos foram expulsos e os mortos reviveram.

Essas grandes obras do poder de Deus foram manifestadas não apenas por Jesus, mas também por muitos profetas, nos tempos do Velho Testamento, e apóstolos, do Novo. Obviamente, a manifestação do poder de Deus através de Jesus não se igualava ao poder manifestado em profetas e apóstolos. Entretanto, para aquelas pessoas que refletiram Jesus e o próprio Deus, Este lhes deu poder e as usou como Seus vasos. Deus, que é luz, também manifestou o Seu poder através de diáconos como Estêvão e Filipe, pois eles concluíram a santificação, andando na luz e refletindo o Senhor.

O apóstolo Paulo manifestou o poder de Deus
de maneira tal que chegou até a ser considerado "Deus"

Dentre todos os personagens do Novo Testamento, a manifestação do poder de Deus no apóstolo Paulo foi a maior, depois da manifestação do poder em Jesus. Ele pregava o evangelho aos gentios, que não conheciam a Deus, e sua mensagem de autoridade era acompanhada por sinais e maravilhas. Com esse tipo de poder, Paulo podia testemunhar de Deus da verdadeira divindade e de Jesus Cristo.

Considerando que idolatria e encantamentos eram excessivos naquela época, deve ter havido pessoas entre os gentios que enganavam os outros. Espalhar o evangelho para tais pessoas exigia a manifestação do poder de Deus, que fosse muito mais além do poder dos falsos encantamentos e obra de espíritos malignos (Romanos 15:18-19).

De Atos 14:8 em diante vemos uma cena onde o apóstolo Paulo pregava o evangelho em uma região chamada Listra. Quando Paulo ordenou a um homem que nunca tinha andado, *"Levante-se! Fique em pé!"* o homem se levantou e começou a andar (Atos 14:10). Quando as pessoas viram aquilo, confessaram: *"Os deuses desceram até nós em forma humana!"* (Atos 14:11). Em Atos 28 há uma outra cena onde o apóstolo Paulo chegou à ilha de Malta, depois de um naufrágio, e quando juntou gravetos e fez uma fogueira, uma víbora, fugindo do calor, se prendeu à sua mão. Ao ver isso, os habitantes da ilha esperavam que ele começasse a inchar ou subitamente caísse morto, mas ao perceberem que nada acontecera, disseram que ele era um deus (v. 6).

Paulo podia manifestar a obra do poder de Deus e ser considerado até um "deus" pelas pessoas, porque possuía um coração próprio, adequado, segundo o olhar de Deus.

O poder de Deus, que é luz

O poder é dado a alguém não porque a pessoa o deseja, mas só é dado àqueles que refletem Deus e alcançam a santificação. Mesmo nos dias de hoje, Deus tem procurado pessoas a quem Ele possa dar o Seu poder e usar como vasos de glória. É por isso que Marcos 16:20 nos lembra: *"Então, os discípulos saíram e pregaram por toda parte; e o Senhor cooperava com eles, confirmando-lhes a palavra com os sinais que a acompanhavam"*. Jesus também disse em João 4:48: *"Se vocês não virem sinais e maravilhas, nunca crerão"*.

Levar inúmeras pessoas à salvação requer o poder dos céus, que pode manifestar sinais e maravilhas que, por sua vez, testemunham do Deus vivo. Em uma era onde o pecado e a maldade reinam, sinais e maravilhas são ainda mais necessários.

Quando andamos na luz e nos tornamos um só espírito com

nosso Pai, podemos manifestar a magnitude do poder que Jesus manifestou. Isso porque nosso Senhor prometeu: *"Digo-lhes a verdade: Aquele que crê em mim fará também as obras que tenho realizado. Fará coisas ainda maiores do que estas, porque eu estou indo para o Pai"* (João 14:12).

Quando alguém manifesta o tipo de poder do mundo espiritual que só é possível através de Deus, ele é reconhecido por Ele. Como Salmo 62:11 nos lembra: *"Uma vez Deus falou, duas vezes eu ouvi, que o poder pertence a Deus"*, o inimigo não pode manifestar o tipo de poder que pertence a Deus. Obviamente, porque são seres espirituais, os espíritos malignos possuem um poder superior para enganar as pessoas e as compelem a se opor a Deus. Um fator, entretanto, é certo: nenhum outro ser pode imitar o poder de Deus, pelo qual Ele controla a vida, a morte, bênçãos, maldições, a história da humanidade, e cria as coisas do nada. O poder pertence ao reino de Deus, que é luz e pode ser manifestado somente por aqueles que alcançam a santificação e a medida da fé de Jesus Cristo.

Diferenças entre a autoridade, habilidade e o poder de Deus

Ao se referir à habilidade de Deus, muitas pessoas a fazem ser igual à Sua autoridade ou poder, mas, na verdade, há uma clara diferença entre tais coisas.

"Habilidade" é o poder da fé pela qual algo impossível ao homem é possível para Deus. "Autoridade" é o solene, nobre e majestoso poder que Deus estabeleceu, lembrando que no mundo espiritual o estado de ausência de pecados é poder. Em outras palavras, autoridade é santificação e os filhos santificados de Deus, que se livraram verdadeiramente da maldade e inverdade em seus corações, podem receber a autoridade espiritual.

Então, o que é "poder"? O poder é a habilidade e autoridade de Deus que Ele derrama sobre aqueles que evitam todo e qualquer tipo de maldade e se santificam.

Tome isso como um exemplo: se um motorista tem a "habilidade" de dirigir seu veículo, então o guarda de trânsito que organiza o tráfego tem a "autoridade" para manobrá-lo, mudá-lo de lugar, quando necessário. Essa autoridade foi dada a tal guarda pelo governo. Portanto, embora o motorista tenha a "habilidade" de dirigir veículos, uma vez que lhe falta a autoridade de um guarda de trânsito, quando este lhe diz para parar ou ir, ele tem de obedecer.

Sendo assim, autoridade e habilidade são coisas distintas e, quando são combinadas, recebem o nome de poder. Em Mateus 10:1, vemos que *"Jesus, chamando seus doze discípulos, deu-lhes autoridade para expulsar espíritos imundos e curar todas as doenças e enfermidades"*. O poder abrange tanto a "autoridade" para expulsar espíritos malignos como a "habilidade" para curar todos os tipos de doenças e enfermidades.

A diferença entre o dom da cura e poder

Aqueles que não são familiarizados ao poder de Deus, que é luz, geralmente o consideram como a mesma coisa que "dom de cura". O dom da cura em 1 Coríntios 12:9 se refere à obra de eliminar doenças causadas por vírus. Ele não pode curar surdez e mudez resultantes de degeneração de partes do corpo ou de nervos mortos. Tais casos de doenças e enfermidades podem ser curadas somente pelo poder de Deus e pela oração de fé que O agrada . Além do mais, quando o poder de Deus, que é luz, é manifestado o tempo todo, o dom da cura nem sempre funciona.

Por outro lado, o poder de Deus é dado apenas àqueles que alcançaram a santificação de seu coração; uma vez dado, ele não se enfraquece ou seca, já que o recipiente jamais o utilizará para seu próprio benefício. Pelo contrário, quanto mais a pessoa reflete o coração do Senhor, maiores os níveis de poder de Deus derramados sobre a pessoa. Se o coração e comportamento de um indivíduo se tornam um com o Senhor, ele pode manifestar até mesmo as mesmas obras de poder que o próprio Jesus manifestou.

Há diferentes maneiras do poder de Deus ser manifestado. O

dom da cura não cura doenças raras ou graves e a pessoa enferma, cuja fé é pequena, tem menos possibilidade de ser curada através desse dom. Todavia, pelo poder de Deus que é luz, nada é impossível. Quando o paciente demonstra nem que seja uma pequena prova de sua fé, a cura através desse poder acontece imediatamente. Aqui, "fé" se refere à fé espiritual, pela qual a pessoa crê do fundo do seu coração.

Quatro níveis do poder de Deus, que é luz

Por meio de Jesus Cristo, que é o mesmo ontem e hoje, qualquer um que é considerado um vaso apropriado aos olhos de Deus pode manifestar o Seu poder.

Há vários níveis da manifestação deste poder. Quanto mais você cresce em espírito, maior é o poder em que você entra e recebe. As pessoas, cujos olhos espirituais são abertos, podem ver os diferentes níveis de iluminação, que varia de acordo com cada poder de Deus. Os seres humanos como criaturas podem manifestar até quatro níveis.

O primeiro nível é a manifestação do poder de Deus através de uma luz vermelha, que se destrói pelo fogo do Espírito Santo.

O fogo do Espírito Santo advindo desse primeiro nível de poder, que é manifestado através de uma luz vermelha, queima e cura doenças que incluem as causadas por germes e vírus. Câncer, doenças nos pulmões, diabetes, leucemia, doenças nos rins, artrite, problemas no coração e AIDS podem ser curadas. Isso, contudo, não significa que não haja exceções. Aqueles que já estão quase falecendo, como no caso de um câncer terminal, por exemplo, o primeiro nível de poder não é o suficiente.

A restauração de partes do corpo, que foram danificadas ou não funcionam propriamente, requer um poder maior, que não apenas cure, mas também reconstrua. E mesmo diante de um poder maior, nesse caso, o nível de fé do paciente e de seus familiares, que demonstram fé em amor, determinam o nível do poder que Deus manifestará.

Desde a fundação da igreja, já foram inúmeras as manifestações do primeiro nível de poder na Manmin. Quando as pessoas obedeciam à palavra de Deus e recebiam oração, doenças de todos os tipos e gravidade eram limpas. Quando as pessoas me davam apertos de mão ou tocavam em minha roupa, recebiam oração por lenços, nos quais eu havia orado, ou quando eu orava em fotos de pacientes, nós testemunhávamos a cura de Deus, uma atrás da outra.

A obra no primeiro nível de poder não está limitada a destruir pelo fogo do Espírito Santo. Contudo, por um momento apenas, quando qualquer pessoa ora com fé e fica

"Derramei lágrimas dia e noite.
e me machucava ainda mais
quando as pessoas olhavam para mim
como 'o menino com AIDS'".
O Senhor me curou
com Seu poder
e deu alegria à minha família.
Estou tão feliz agora!

Esteban Juninka, de Honduras, curado de AIDS

inspirado, afetado e cheio do Espírito Santo, o indivíduo pode manifestar obras ainda maiores do poder de Deus. Repito: isso é temporário e não é uma evidência do poder de Deus derramado permanentemente – algo que ocorre só quando Ele quer.

O segundo nível de poder é a manifestação do poder de Deus através de uma luz azul

Malaquias 4:2 nos diz: *"Mas para vocês que reverenciam o meu nome, o sol da justiça se levantará trazendo cura em suas asas. E vocês sairão e saltarão como bezerros soltos do curral".* Pessoas, cujos olhos espirituais são abertos, podem ver raios como de laser emanarem, quando curas estão acontecendo.

O segundo nível de poder expulsa as trevas e liberta as pessoas que estão possuídas por demônios, controladas por Satanás e dominadas por vários outros tipos de espíritos malignos. Diversas doenças mentais trazidas pelas forças da escuridão, incluindo o autismo, colapso nervoso e outras, são curadas pelo segundo nível de poder.

Esses tipos de doenças podem ser prevenidos, se nos "regozijarmos sempre" e "em tudo dermos graças". Mas, se ao invés de permanecer alegre em toda e qualquer circunstância, sempre dando graças, você passar a odiar os outros, guardar rancores, pensar negativamente e se tornar alguém nervoso, então você será mais vulnerável a tais doenças. Quando as forças

"Eu vi a luz...
Finalmente saí do
túnel de catorze anos.
Tinha desistido de mim mesmo,
mas nasci de novo
pelo poder do Senhor!"

Shama Masaz, do Paquistão, libertação de possessão de demônio de 14 anos

de Satanás, que levam o homem a ter maus pensamentos em seu coração, são expulsas, todos esses distúrbios mentais são naturalmente curados.

De tempo em tempo, doenças físicas e enfermidades causadas por demônios e espíritos malignos também são curadas pelo segundo nível de poder. Aqui, "enfermidade" se refere à degeneração e à paralisação de partes do corpo, como no caso de pessoas que não podem falar, ouvir, andar, enxergar, paralíticos de nascença, etc.

De Marcos 9:14 em diante há uma cena na qual Jesus expulsou um "espírito mudo e surdo" de um menino (v. 25). Esse menino havia ficado surdo e mudo por causa de um espírito maligno que havia entrado nele. Quando Jesus expulsou o espírito, o garoto foi imediatamente curado.

Da mesma forma, quando a causa de uma doença é alguma força das trevas, incluindo demônios, os espíritos malignos devem ser expulsos, para que o paciente seja curado. Se alguém, por exemplo, sofre de problemas em seu sistema digestivo, como consequência de um colapso nervoso, a causa deve ser arrancada desde a raiz, expulsando-se as forças de Satanás. Há também o fato de doenças como paralisias e artrite, em que a obra da força das trevas ou seus restos podem ser vistas. De vez em quando, embora diagnósticos médicos não detectem nada de errado com alguém fisicamente, a pessoa sofre de dor aqui e ali. Quando oro por alguém sofrendo dessa maneira, outras pessoas com olhos espirituais abertos geralmente veem a força das trevas em formas abomináveis de animais saindo do corpo do paciente.

Além de expulsar forças das trevas encontradas em doenças e enfermidades, o segundo nível do poder de Deus, que é luz, também pode expulsar as forças das trevas encontradas no lar, nos negócios e no trabalho da pessoa. Quando um indivíduo que pode manifestar o segundo nível do poder de Deus visita aqueles que têm sofrido perseguição em casa e tido problemas no trabalho e/ou negócios, as trevas são expulsas, já que a luz vem sobre essa pessoa e bênçãos vêm sobre ela de acordo com suas obras.

Ressuscitar mortos ou dar fim à vida de alguém, de acordo com a vontade de Deus, são obras do segundo nível do Seu poder também. Os seguintes exemplos se encaixam nessa categoria: o apóstolo Paulo ressuscitando Êutico (Atos 20:9-12); Ananias e Safira fraudando Pedro e a maldição lançada por este, resultando na morte daqueles (Atos 5:1-11); e a maldição que Eliseu lançou sobre as crianças, resultando também sua morte (2 Reis 2:23-24).

Existem, entretanto, diferenças marcantes na obra de Jesus e na obra dos apóstolos Paulo e Pedro, e do profeta Eliseu. No final das contas, Deus, como o Senhor de todos os espíritos, é quem permite que alguém viva ou morra. Contudo, uma vez que Jesus e Deus são um e o mesmo, aquilo que Jesus queria era o que Deus queria. É por isso que Jesus pôde ressuscitar mortos só com Sua palavra ordenada (João 11:43-44), enquanto outros profetas e apóstolos tinham de perguntar qual era a vontade de Deus e pedir Sua aprovação para fazer a mesma coisa.

O terceiro nível de poder é a manifestação do poder de Deus através de uma luz branca ou transparente, acompanhada por todos os tipos de sinais e pela obra da criação.

No terceiro nível do poder de Deus, que é luz, todos os tipos de sinais, bem como a obra da criação, são manifestados. Aqui, "sinais" se referem a curas pelas quais cegos tornam a ver, mudos a falar e surdos a ouvir. O aleijado levanta e anda, aquele cujas pernas são de tamanhos diferentes passam a tê-las do mesmo tamanho e paralisias infantil e cerebral são curadas completamente. Partes do corpo deformadas ou completamente degeneradas desde o nascimento são restauradas. Ossos quebrados se juntam, ossos que faltam aparecem, línguas curtas crescem e tendões são reconectados. Ademais, uma vez que o primeiro, segundo e terceiro níveis do poder de Deus são manifestados simultaneamente no terceiro nível, nenhuma doença ou enfermidade prevalecem.

Mesmo quando se trata de alguém com queimaduras da cabeça aos pés e tem suas células e músculos queimados, ou de alguém que teve sua carne cozida por água fervente – Deus pode

"Oh, Deus!
Como isso é possível?
Como é possível que eu ande?"

Uma mulher queniana pôde andar
só depois de uma oração do púlpito

fazer tudo de novo. Como Ele pode criar qualquer coisa do nada, Ele pode consertar não apenas objetos inanimados como máquinas, mas também partes do corpo humano que não estão bem.

Na Igreja Central Manmin, órgãos internos, que não tinham seu funcionamento correto ou haviam sido seriamente danificados, são restaurados por meio da oração com o lenço ou mensagens automáticas gravadas no telefone. Ao ver pulmões brutamente danificados serem curados e rins e fígados que precisavam ser transplantados ficarem normais, fica claro que no terceiro nível do poder de Deus a obra do poder da criação é manifestada incessantemente.

Há, contudo, um fator que precisa ser claramente diferenciado. De um lado, se a função de alguma parte do corpo, que antes estava debilitada, é restaurada, trata-se de uma obra do primeiro nível do poder de Deus. De outro lado, se a função de alguma parte do corpo que não tinha chance alguma de recuperação é ressuscitada ou criada de novo, trata-se então de uma obra do terceiro nível do poder de Deus – o poder da criação.

O quarto nível de poder é a manifestação do poder de Deus através de uma luz dourada, o auge do poder.

Como podemos dizer, baseados nas obras de poder

"Mesmo eu não querendo olhar para
o meu corpo que estava todo cozido...

Quando eu estava só,
Ele vinha,
estendia Sua mão,
e me colocava ao Seu lado...

Pelo Seu amor e dedicação
recebi uma nova vida...
Haverá alguma coisa
que eu não faria pelo Senhor?"

Diaconisa Sênior Eundeuk Kim,
curada de queimadura
de terceiro grau da cabeça aos pés

manifestadas por Jesus, o quarto nível de poder governa todas as coisas, controla o tempo e faz até objetos inanimados obedecerem. Em Mateus 21:19, quando Jesus amaldiçoou uma figueira, vemos que "imediatamente a árvore secou". De Mateus 8:23 em diante há uma cena na qual Jesus repreendeu os ventos e tudo ficou calmo. Até a natureza e coisas inanimadas como ventos e o mar obedeceram à ordem de Jesus.

Uma vez Jesus falou para Pedro ir para onde as águas eram mais fundas e lançar as redes e, quando Pedro obedeceu, apanhou uma quantidade de peixes tão grande que as redes começaram a rasgar. (Lucas 5:4-6). Em uma outra ocasião, Jesus falou para Pedro: *"vá ao mar e jogue o anzol. Tire o primeiro peixe que você pegar, abra-lhe a boca, e você encontrará uma moeda de quatro dracmas. Pegue-a e entregue-a a eles, para pagar o meu imposto e o seu"* (Mateus 17:24-27).

Como Deus criou todas as coisas no universo pela Sua Palavra, quando Jesus ordenava o universo, ele Lhe obedecia e as coisas passavam a existir. Da mesma forma, ao possuirmos a fé verdadeira, passamos a ter certeza daquilo que não vemos (Hebreus 11:1), e a obra do poder que cria todas as coisas do nada é manifestada.

Além do mais, no quarto nível do poder de Deus, as obras são manifestadas transcendendo os limites de tempo e espaço.

Dentre as manifestações do poder de Deus por Jesus, há aquelas que transcenderam limites de tempo e espaço. De Marcos 7:24 em diante há uma cena na qual uma mulher implorava Jesus que curasse sua filha que estava possuída. Ao ver a fé e humildade daquela mulher, Jesus disse a ela: *"Por causa desta resposta, você pode ir; o demônio já saiu da sua filha"* (v. 29). Quando a mulher voltou para casa, ela encontrou sua filha deitada na cama sem demônio algum.

Embora Jesus não tenha visitado cada um dos doentes pessoalmente, quando Ele via a fé deles e ordenava, curas que transcendiam tempo e espaço aconteciam.

Jesus andando sobre as águas, que também é uma obra que só Ele manifestou, também testifica o fato de tudo do universo estar sob Sua autoridade.

Além disso, Jesus nos diz em João 14:12: *"Digo-lhes a verdade: Aquele que crê em mim fará também as obras que tenho realizado. Fará coisas ainda maiores do que estas, porque eu estou indo para o Pai"*. Como Ele nos assegurou, obras verdadeiramente extraordinárias do poder de Deus são manifestadas hoje na Igreja Central Manmin.

Por exemplo, várias maravilhas nas quais o tempo foi alterado já aconteceram. Quando oro, tempestades param em um piscar de olhos; nuvens muito escuras desaparecem e céu limpo fica nublado em um instante. Houve também inúmeras vezes onde coisas inanimadas obedeceram à minha oração. Até no caso do envenenamento possivelmente fatal por monóxido de carbono, a pessoa que havia ficado inconsciente recuperou a consciência um ou dois minutos depois que orei, e não sofreu nenhum efeito colateral. Teve também uma vez que orei por uma pessoa com queimaduras de terceiro grau e disse: "Sensação de ardência, saia", e sua dor parou completamente.

E a obra do poder de Deus que transcende tempo e espaço continua hoje, de forma ainda maior e transbordante. Há o caso de Cíntia, por exemplo, filha do Ver. Wilson John Gil, pastor presidente da Igreja Manmin no Paquistão, que é particularmente notável. Quando orei por Cíntia, em sua fotografia em Seul, na Coreia, a menina, da qual os médicos já haviam desistido, recuperou-se rapidamente desde o momento em que orei por ela a milhares de quilômetros de distância.

No quarto nível de poder, o poder de curar doenças, expulsar forças das trevas, efetuar sinais e maravilhas e ordenar a todas as coisas e elas obedecerem, as obras combinadas do primeiro, segundo, terceiro e quarto níveis de poder são manifestadas.

O maior poder da criação

A Bíblia também registra as manifestações de poder de Jesus, que estão acima do quarto nível de poder. Esse nível de poder, o maior poder, pertence ao Criador. Ele não é manifestado no

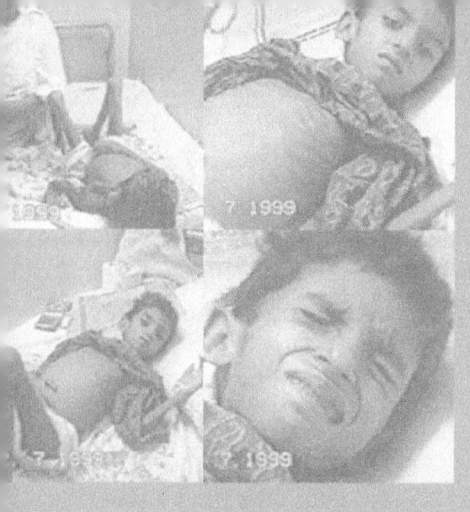

"É tão doloroso...
É tão doloroso
saber que eu não posso abrir
meus olhos...
Ninguém sabia o que eu sentia,
mas o Senhor sabia de tudo
e me curou".

Cynthia, do Paquistão,
curada de doença celíaca e íleus

mesmo nível em que os seres humanos podem manifestar os quatro níveis de poder. Esse poder vem na luz original que iluminava, quando Deus existia só.

Em João 11, Jesus ordenou a Lázaro, que estava morto há quatro dias e cujo corpo já não cheirava bem: "Lázaro, venha para fora!" Ao seu comando, o morto saiu com seus pés e mãos envolvidos em faixas de linho e o rosto envolto em um pano (v. 43-44).

Depois que uma pessoa tira todo tipo de maldade de si, santifica-se, passa a refletir o coração de Deus Pai e torna-se completamente espiritual. Ela então entra no terreno espiritual. Quanto mais conhecimento do mundo espiritual, maior é a manifestação do poder de Deus, que vai além do quarto nível.

Ao chegar nesse ponto, ela alcança o nível de poder que só pode ser manifestado pela Divindade, que é o Maior Poder da Criação. Ao alcançar tal nível, assim como no tempo em que Deus criou tudo no universo pelo Seu comando, ela também manifestará maravilhosas obras de criação.

Por exemplo, quando ela comandar ao cego: "Abra seus olhos", os olhos do homem serão abertos imediatamente. Quando comandar ao mudo: "Fale!", ele falará em um instante. Quando disser ao aleijado: "Levante-se", ele andará e correrá. Quando ela ordenar, cicatrizes e partes do corpo que estiverem se deteriorando serão restauradas.

Essas coisas são realizadas pela luz e voz de Deus, que já existia como luz e voz desde antes do início dos tempos. Quando o ilimitado poder da criação na luz é liberado através da voz, a luz descende e a obra é manifestada. É assim que pessoas que estão à beira da morte ou que possuem doenças e enfermidades sem cura pelo primeiro, segundo ou terceiro níveis de poder, são curadas.

Recebendo o poder de Deus, que é luz

Como podemos refletir o coração de Deus, que é luz, receber o Seu poder e levar inúmeras almas ao caminho da salvação?

Primeiro, não devemos somente evitar todo tipo de maldade e nos santificarmos, mas também devemos alcançar o bom coração e ansiar pelo bem maior.

Se você não mostrou nenhum sinal de maus sentimentos ou desconforto contra alguém que fez sua vida extremamente difícil ou o prejudicou, será que poderíamos dizer então que você alcançou a bondade de coração? Não, esse não é o caso. Mesmo que o coração nem mesmo ouse a ter maus sentimentos ou algum tipo de desconforto e você espera e suporta, aos olhos de Deus, esse é apenas o primeiro passo para o bem.

No nível do bem maior ou superior, a pessoa fala e se comporta de forma a comover as pessoas que fazem sua vida difícil ou a prejudicam. No bem maior do qual Deus agrada, a pessoa tem de conseguir entregar sua vida por amor ao seu inimigo.

Jesus pôde perdoar as pessoas que O estavam crucificando e, por tais pessoas, Ele entregou livremente Sua vida, porque possuía o bem maior. Ambos, Moisés e o apóstolo Paulo, também desejaram entregar suas vidas por pessoas que estavam tentando matá-los.

Quando Deus estava prestes a destruir o povo de Israel, que apesar de ter testemunhado grandes sinais e maravilhas ainda se opôs a Ele com idolatria, murmurações e rancor, como Moisés reagiu? *"Mas agora, eu te rogo, perdoa-lhes o pecado; se não, risca-me do teu livro que escreveste"* (Êxodo 32:32). O apóstolo Paulo fez o mesmo. Enquanto confessava em Romanos 9:3: *"Pois eu até desejaria ser amaldiçoado e separado de Cristo por amor de meus irmãos, os de minha raça"*, ele demonstrou o bem superior e, portanto, grandes obras do poder de Deus sempre o acompanharam.

Segundo, devemos ter amor espiritual.

O amor tem diminuído consideravelmente. Embora muitos possam dizer uns aos outros, "eu te amo", com o passar do tempo, vemos que a maior parte desse "amor" é amor carnal, que muda. O amor de Deus é espiritual e enobrece a cada dia, como descrito em 1 Coríntios 13.

Primeiramente, *"o amor é paciente [e] o amor é bondoso. Não inveja"*. Nosso Senhor perdoou todos as nossas falhas e pecados e abriu o caminho da salvação, esperando pacientemente até por aqueles que não são perdoáveis. Contudo, embora confessemos nosso amor por Ele, somos rápidos em expor as falhas e pecados dos nossos irmãos ou irmãs. Será que somos rápidos para julgar e condenar os outros, quando algo ou alguém não nos agrada? Temos inveja de alguém, cuja vida está indo bem, ou nos sentimos desapontados com tal coisa?

Em segundo lugar, *"não se vangloria, não se orgulha"* (v. 4). Mesmo que pareçamos estar glorificando o Senhor por fora, se no nosso coração estivermos querendo ser reconhecidos pelos outros, nos expor e desconsiderar ou ensinar outras pessoas, porque temos um cargo de autoridade, isso seria vanglória e orgulho.

Além do mais, o amor *"Não maltrata, não procura seus interesses, não se ira facilmente, não guarda rancor"* (v. 5). Um comportamento rude para com Deus e as pessoas, ou um coração e uma mente inconstante, que mudam facilmente, um esforço de crescermos às custas dos outros, sentimentos maus facilmente concebidos, uma tendência de pensar negativamente e mal dos outros e coisas do tipo, não constituem o amor.

O amor também *"não se alegra com a injustiça, mas se alegra com a verdade"* (v. 6). Quando temos amor, devemos sempre andar e nos regozijar na verdade. Como 3 João 1:4 nos diz: *"Não tenho alegria maior do que ouvir que meus filhos estão andando na verdade"*, a verdade deve ser fonte do nosso deleite e felicidade.

Por último, o amor *"tudo sofre, tudo crê, tudo espera, tudo suporta"* (v. 7). Aqueles que verdadeiramente amam a Deus vêm a conhecer Sua vontade, e, portanto, crer em todas as coisas. Como as pessoas esperam ansiosamente pela volta do nosso Senhor, a ressurreição dos crentes, galardões celestiais e coisas do tipo, elas esperam pelas coisas do alto, suportam todas as dificuldades e fazem de tudo para fazer Sua vontade.

A fim de demonstrar o Seu amor por aqueles que obedecem à verdade, praticando a bondade, o amor e outras coisas registradas na Bíblia, Deus, que é luz, lhes dá Seu poder como um dom. Além disso, Ele está sempre ansioso por responder e encontrar todos aqueles que fazem de tudo para andar na luz.

Portanto, rasgando suas vestes e rendendo seus corações, que todos de vocês que desejam receber as bênçãos e as respostas de

Deus possam ser preparados como vasos diante Dele e experimentar Seu poder. Em nome do nosso Senhor Jesus Cristo, eu oro!

Os Olhos do Cego se Abrirão

- Jesus cura um cego de nascença
- Um cego abrindo os olhos na Igreja Central Manmin

João 9:32-33

Ninguém jamais ouviu que os olhos de um cego de nascença tivessem sido abertos. Se esse homem não fosse de Deus, não poderia fazer coisa alguma.

Em Atos 2:22 Pedro, discípulo de Jesus, depois de receber o Espírito Santo falou aos judeus, citando as palavras do profeta Joel: *"Israelitas, ouçam estas palavras: Jesus de Nazaré foi aprovado por Deus diante de vocês por meio de milagres, maravilhas e sinais que Deus fez entre vocês por intermédio dele, como vocês mesmos sabem".* As incríveis manifestações de poder, sinais e maravilhas de Jesus foram as evidências testificando que o Jesus que os judeus crucificaram era de fato o Messias, cuja vinda havia sido predita no Velho Testamento.

O próprio Pedro, inclusive, veio a manifestar o poder de Deus depois de ter recebido e sido capacitado pelo Espírito Santo. Ele curou o mendigo aleijado (Atos 3:8), e as pessoas começaram a levar os doentes para as ruas e colocá-los deitados em camas e macas, para que pelo menos sua sombra se projetasse sobre alguns, enquanto ele passava e eles fossem curados (Atos 5:15).

Uma vez que o poder é um comprovante da presença de Deus com aqueles que o manifestam e o melhor jeito de plantar uma semente de fé nos corações de descrentes, Deus dá poder àqueles a quem Ele considera estar aptos para recebê-lo.

Jesus cura um cego de nascença

Em João 9 há uma história que começa quando Jesus encontrou um homem cego de nascença, enquanto caminhava. Os discípulos queriam saber por que ele não podia ver desde que nasceu. *"Mestre, quem pecou: este homem ou seus pais, para que ele nascesse cego?"* (v. 2). Em resposta, Jesus explicou que aquele homem havia nascido cego para que a obra de Deus pudesse se manifestar em sua vida (v. 3). Então, Ele cuspiu no chão, fez lama com a saliva, colocou-a sobre os olhos do homem e disse: *"Vá lavar-se no tanque de Siloé"* (v. 6-7). Ao obedecer imediatamente ao que lhe fora dito, indo ao tanque e lavando-se, os olhos do cego se abriram.

Apesar de ter havido muitas outras pessoas na Bíblia, que Jesus curou, uma coisa diferencia esse cego de nascença de todo o resto. Esse homem não implorou a Jesus que o curasse, mas Jesus foi até ele e o fez.

Então, por que esse cego de nascença recebeu graça tão grande?

Primeiro, ele era obediente

Para uma pessoa ordinária, nada do que Jesus fez – cuspir no chão, fazer lama, passar lama nos olhos do cego e dizer-lhe para ir lavar-se no Tanque de Siloé – faz sentido. O senso comum não aceita que os olhos de um indivíduo, que nasceu cego, possam se abrir depois de receberem lama e serem lavados com água. Além do mais, se esse cego tivesse ouvido aquela ordem, sem saber quem Jesus era, ele e a maioria das pessoas não apenas descreriam, mas também ficariam notavelmente irritadas. Contudo, não foi o que aconteceu com aquele homem. Com a ordem de Jesus, ele obedeceu e lavou seus olhos no Tanque de Siloé. Enfim, e surpreendentemente, seus olhos que haviam estado fechados desde o momento em que nasceu, foram abertos pela primeira vez e o homem começou a ver.

Ao ver, pois, que a palavra de Deus não concorda com a experiência ou o senso comum do homem, tente obedecer a ela com um coração humilde como o daquele cego de nascença. Então, a graça de Deus virá sobre você e, como os olhos do cego foram abertos, você também terá maravilhosas experiências.

Segundo, os olhos espirituais cegos e inatos, que podiam diferenciar verdade de inverdade, foram abertos.

Ao observar sua conversa com os judeus, depois de ter sido curado, podemos dizer que, enquanto os olhos daquele cego estavam fisicamente fechados, em bondade de coração ele podia distinguir o certo do errado. Em contraste, os judeus estavam cegos espiritualmente e presos nos rígidos limites da lei. Quando perguntaram por detalhes da cura, o curado proclamou: *"O homem chamado Jesus misturou terra com saliva, colocou-a nos meus olhos e me disse que fosse lavar-me em Siloé. Fui, lavei-me, e agora vejo"* (v. 11).

Ainda em descrença, quando os judeus o interrogaram: *"Que diz você a respeito dele? Foram os seus olhos que ele abriu"?* Eele respondeu: *"Ele é um profeta"* (v. 17). Ele pensou que se Jesus era poderoso o bastante para curar a cegueira, Ele devia ser um homem de Deus. Ironicamente, os judeus o repreenderam: *"Para a glória de Deus, diga a verdade. Sabemos que esse homem é pecador"* (v. 24).

Como a alegação deles é ilógica! Deus não responde a oração de um pecador e nem dá poder a um pecador para abrir os olhos de um cego e receber glória. Embora os judeus não conseguissem nem crer nem acreditar naquilo, o homem que havia sido curado continuava a fazer intensas e verdadeiras confissões: Sabemos que Deus não ouve pecadores, mas ouve o homem que o teme e pratica a sua vontade. *"Ninguém jamais ouviu que os olhos de um cego de nascença tivessem sido abertos. Se esse homem não fosse de Deus, não poderia fazer coisa alguma"* (v. 31-33).

Como olhos de nenhum cego já tinham sido abertos desde a criação, todos que ouviam falar sobre a cura desse homem devem ter celebrado e se alegrado com ele. Todavia, entre os judeus, surgiu um clima de julgamento, condenação e hostilidade. Uma vez que eram espiritualmente ignorantes demais, eles achavam que a obra de Deus em si estava se opondo a Ele próprio. A Bíblia nos diz, contudo, que só Deus pode abrir os olhos do cego.

O Salmo 146:8 nos lembra que *"o SENHOR dá vista aos cegos, o SENHOR levanta os abatidos, o SENHOR ama os justos"* e Isaías 29:18 nos diz: *"Naquele dia os surdos ouvirão as palavras do livro, e, não mais em trevas e escuridão, os olhos dos cegos tornarão a ver"*. Isaías 35:5 também nos diz: *"Então se abrirão os olhos dos cegos e se destaparão os ouvidos dos surdos"*. Aqui, 'naquele dia' e 'então' se referem à hora em que Jesus veio e abriu os olhos do cego.

Apesar dessas passagens e lembretes, em sua rígida limitação e maldade, os judeus não puderam crer na obra que Deus manifestou através de Jesus, mas disseram que Jesus era um pecador que desobedecia à palavra de Deus. O homem que havia sido cego, por sua vez, embora não tivesse grande conhecimento da lei, em sua boa consciência ele sabia a verdade: que Deus não ouve pecadores e que a cura de cegos só era possível através Dele.

Terceiro, depois de receber a graça de Deus, o homem que antes era cego foi diante do Senhor e resolveu levar uma vida completamente nova.

Até hoje, já testemunhei inúmeros exemplos onde pessoas à beira da morte receberam forças e respostas para todos os tipos de problemas na Manmin. Lamento, entretanto, por aquelas cujos corações não mudaram, mesmo depois de serem agraciadas por Deus e aquelas que abandonaram a fé e voltaram para os caminhos do mundo. Quando passam por momentos de dor e agonia, tais pessoas oram com lágrimas: "Viverei só para o Senhor, quando eu for curado". Quando recebem cura e bênçãos, em busca de seus próprios interesses, essas pessoas renunciam a graça recebida e se desviam da verdade. Mesmo tendo problemas físicos resolvidos, isso de nada adianta, pois seus espíritos saíram do caminho da salvação para o caminho do inferno.

Aquele cego que havia nascido já com tal deficiência tinha um bom coração e não renunciou à graça recebida. É por isso que quando encontrou Jesus, ele não foi só curado de sua cegueira, mas também recebeu a salvação. Quando Jesus lhe perguntou: *"Você crê no Filho do homem?"* Ele respondeu: *"Quem é, Senhor, para que eu Nele creia?"* (v. 35-36). Quando Jesus respondeu: *"Você já o tem visto? É aquele que está falando com você"*. O homem confessou: *"Senhor, eu creio"* (v. 37-38). Ele não "creu" simplesmente; ele recebeu Jesus como o Cristo. Foi sua firme confissão, através da qual ele resolveu seguir somente o Senhor e viver somente para Ele.

Deus quer que todos nós venhamos para diante Dele com o mesmo tipo de coração daquele cego. Ele quer que O busquemos, não só porque Ele cura nossas doenças e nos abençoa, mas porque Ele anseia que entendamos Seu verdadeiro

"Mamãe,
é de cegar...
pela primeira vez,
estou vendo a luz...
Nunca imaginei
que isso iria acontecer comigo..."

Jennifer Rodriguez, das Filipinas,
era cega de nascença, e viu pela primeira vez em oito anos

amor, que, sem hesitar,entregou Seu único Filho por nós e que recebamos Jesus como nosso Salvador. Inclusive, nós devemos amá-Lo não só de lábios, mas com ações na palavra de Deus. Ele nos diz em 1 João 5:3: *"Porque nisto consiste o amor a Deus: em obedecer aos seus mandamentos. E os seus mandamentos não são pesados"*. Se verdadeiramente amamos a Deus, devemos nos livrar de tudo que é mal e andar na luz todos os dias.

Quando pedimos a Deus algo como fé e amor, como pode Ele não nos responder? Em Mateus 7:11, ao ver a promessa de Jesus: *"Se vocês, apesar de serem maus, sabem dar boas coisas aos seus filhos, quanto mais o Pai de vocês, que está nos céus, dará coisas boas aos que lhe pedirem"*. Creia, pois, que nosso Pai responderá às orações de seus amados filhos.

Portanto, diante de Deus, não importa que tipo de doença ou problema você tenha. Com a confissão: "Senhor, eu creio!", você expressa do fundo do seu coração e,. quando você demonstra sua fé através de obras, o Senhor, que curou aquele cego de nascença, curará também qualquer tipo de doença, fará o impossível ficar possível e resolverá todos os problemas de sua vida.

Um cego abrindo os olhos na Igreja Central Manmin

Desde a fundação da Manmin em 1982, nossa igreja tem

"Meu coração me levou àquele lugar...

Só ansiava pela graça...

Deus me deu um grande presente.
O que me deixa mais feliz
do que enxergar
é o fato de eu ter me encontrado
com o Deus vivo!"

Maria, de Honduras,
que havia perdido a visão de seu olho direito
aos dois anos de idade,
e voltou a ver depois de receber oração do Dr. Jaerock Lee.

glorificado a Deus intensamente, através da cura de indivíduos que eram cegos. Muitas pessoas, que já eram cegas desde o nascimento, receberam visão depois de orações. A vista problemática de muitas outras, que tinham de usar óculos ou lentes de contato também já foi restaurada. Dentre vários e vários incríveis testemunhos, os seguintes são alguns exemplos:

Quando realizei a Grande Cruzada Unificada em Honduras, em julho de 2002, conheci uma menina de 12 anos chamada Maria, que havia perdido a visão do olho direito depois de uma febre alta, aos dois anos de idade. Seus pais já haviam tentado encontrar meios para a cura de sua filha inúmeras vezes, até um transplante de córnea – tudo em vão. Durante os dez anos seguintes à falha no transplante, Maria jamais viu com seu olho direito.

Então, em 2002, em ardente busca pela graça de Deus, Maria foi à cruzada na qual recebeu uma oração minha, começou a enxergar a luz e logo teve sua visão restaurada. Os nervos de seu olho direito, que já haviam morrido, foram restaurados pelo poder de Deus. Você consegue ter ideia de como isso é incrível? Inúmeras pessoas ali celebraram e disseram: "Deus de fato está vivo e opera Suas obras todos os dias!"

O Pastor Ricardo Morales é outra pessoa que quase ficou cega, mas foi curada pelas águas de Muan. Sete anos antes da cruzada em Honduras, ele havia se envolvido em um acidente de trânsito, onde sofreu uma severa hemorragia, e sua retina sofreu

"Os médicos me disseram
que logo ficaria cego...
As coisas começaram a
desaparecer...

Obrigado, Senhor,
por me dar a luz...

Tenho esperado por Ti..."

Rev. Ricardo Morales, de Honduras,
que quase ficou cego depois de um acidente,
mas recuperou a visão

graves ferimentos. Os médicos lhe haviam dito que ele então perderia, gradativamente, sua visão, até o ponto de uma cegueira total. Todavia, ele foi curado no primeiro dia da Conferência de Líderes de Igreja de 2002, em Honduras. Depois de ouvir a palavra de Deus, com fé, o Pastor Ricardo colocou as águas doces de Muan em seus olhos e, para sua grande surpresa, os objetos que enxergava ficaram claros na mesma hora. Inicialmente, como ele nunca tinha experimentado nada como aquilo, não conseguia acreditar no que lhe acontecera. Naquela noite, com óculos, foi à primeira sessão da cruzada e, então, de repente, as lentes dos óculos saíram e ele ouviu a voz do Espírito Santo: "Se você não tirar seus óculos agora, ficará cego". O pastor então os tirou e percebeu que conseguia ver tudo claramente. Sua visão havia sido restaurada e ele glorificou grandemente o Senhor.

Na Igreja Manmin de Nairobi, no Quênia, um jovem chamado Kombo foi visitar sua cidade natal, que ficava a 400 quilômetros da igreja. Durante sua visita ali, ele pregou o evangelho à sua família e lhes falou sobre o maravilhoso poder de Deus manifestado na Igreja Central Manmin, em Seul. Ele orou por eles com o lenço, no qual eu havia orado, e lhes presenteou com um calendário da nossa igreja.

Depois de ouvir seu neto pregar o evangelho, a avó de Kombo, que era cega, pensou consigo mesma em intenso desejo: 'Gostaria de ver uma foto do Dr. Jaerock Lee também', enquanto segurava o calendário com as duas mãos. O que aconteceu então foi verdadeiramente miraculoso. Assim que a avó de Kombo abriu o calendário, seus olhos se abriram e ela conseguiu ver a fotografia. Aleluia! A família de Kombo teve uma experiência pessoal com a obra do poder de Deus, que abriu os olhos de uma cega e passou a crer no Deus vivo. Não bastasse, quando a notícia se espalhou pela vila, as pessoas começaram a pedir que uma filial da igreja fosse estabelecida ali.

Através das inúmeras obras do poder de Deus pelo mundo, surgiram milhares de filiais da Manmin no globo e o evangelho da santidade tem sido pregado até os confins da terra. Quando você reconhece e crê na obra do poder de Deus, você pode se tornar um herdeiro de Suas bênçãos.

Como acontecia nos tempos de Jesus, ao invés de se regozijarem e glorificarem a Deus juntas, muitas pessoas julgavam, condenavam e falavam mal das obras do Espírito Santo. Nós, pois, devemos entender, que isso são pecados horríveis, como Jesus disse especificamente em Mateus 12:31-32: *"Por esse motivo eu lhes digo: Todo pecado e blasfêmia serão perdoados aos homens, mas a blasfêmia contra o Espírito não será perdoada. Todo aquele que disser uma palavra contra o Filho do homem será perdoado, mas quem falar contra o Espírito Santo não será perdoado, nem nesta era nem na que há de vir".*

A fim de não nos opormos à obra do Espírito Santo, mas sim experimentarmos a maravilhosa obra do poder de Deus, devemos reconhecer e ansiar pelo Seu agir, como o homem que era cego em João 9. As pessoas experimentam ou não o poder de Deus, dependendo do quanto se preparam para tal.

Como o Salmo 18:25-26 nos diz: *"Ao fiel te revelas fiel, ao irrepreensível te revelas irrepreensível, ao puro te revelas puro, mas com o perverso reages à altura"*, que cada um de vocês, crendo em Deus, que nos recompensa segundo o que fazemos e mostramos nossa fé com obras, possa se tornar um herdeiro de Suas bênçãos. Em nome do Senhor Jesus Cristo, eu oro!

Marcos 2:3-12

Vieram alguns homens, trazendo-lhe um paralítico, carregado por quatro deles. Não podendo levá-lo até Jesus, por causa da multidão, removeram parte da cobertura do lugar onde Jesus estava e, pela abertura no teto, baixaram a maca em que estava deitado o paralítico. Vendo a fé que eles tinham, Jesus disse ao paralítico: "Filho, os seus pecados estão perdoados". Estavam sentados ali alguns mestres da lei, raciocinando em seu íntimo: "Por que esse homem fala assim? Está blasfemando! Quem pode perdoar pecados, a não ser somente Deus?" Jesus percebeu logo em seu espírito que era isso que eles estavam pensando e lhes disse: "Por que vocês estão remoendo essas coisas em seu coração? Que é mais fácil dizer ao paralítico: Os seus pecados estão perdoados, ou: Levante-se, pegue a sua maca e ande? Mas, para que vocês saibam que o Filho do homem tem na terra autoridade para perdoar pecados" – disse ao paralítico – "eu lhe digo: Levante-se, pegue a sua maca e vá para casa". Ele se levantou, pegou a maca e saiu à vista de todos, que, atônitos, glorificaram a Deus, dizendo: "Nunca vimos nada igual!"

A Bíblia nos conta que nos tempos de Jesus, muitos aleijados e paralíticos recebiam cura completa e glorificavam a Deus intensamente. Como Deus nos prometeu em Isaías 35:6: *"Então os coxos saltarão como o cervo, e a língua do mudo cantará de alegria. Águas irromperão no ermo e riachos no deserto"*, Depois em Isaías 49:8: *"Assim diz o SENHOR: "No tempo favorável eu lhe responderei, e no dia da salvação eu o ajudarei; eu o guardarei e farei que você seja uma aliança para o povo, para restaurar a terra e distribuir suas propriedades abandonadas"*. Deus não somente nos responde, como também nos leva à salvação.

Isso tem sido grandemente testificado hoje na Igreja Central Manmin, onde pela obra do maravilhoso poder de Deus, inúmeros pacientes começam a andar, se levantam de cadeiras de rodas e jogam fora suas muletas.

Com que tipo de fé o paralítico retratado em Marcos 2 foi ter com Jesus e recebeu a salvação e bênçãos de respostas? Oro, para que aqueles dentre vocês, que estão no momento impedidos de andar devido a algum tipo de doença, possam se levantar, voltar a andar e correr.

O paralítico ouve falar de Jesus

Em Marcos 2 há um relato detalhado de um paralítico que recebeu cura de Jesus, quando Ele visitou Carfanaum. Naquela cidade vivia um paralítico muito pobre que não conseguia sentar-se sem a ajuda dos outros, e estava vivo só esperando pela morte. Contudo, ele ouviu falar que Jesus havia aberto os olhos dos cegos, feito aleijados se levantarem, expulsado espíritos malignos e curado vários tipos de doenças. Como ele tinha um bom coração, quando ouviu falar sobre Jesus, ansiou ardentemente poder encontrar-se com Ele.

Um dia, ele soube que Jesus estava em Carfanaum. Imagine só como ele deve ter ficado alegre só de pensar em poder vê-Lo! Todavia, ele não conseguia locomover-se por conta própria e então procurou por amigos que pudessem levá-lo a Jesus. Com sorte, porque seus amigos também tinham ouvido falar Dele, eles concordaram em ajudá-lo.

O paralítico e seus amigos vão ter com Jesus

O paralítico e seus amigos chegaram à casa onde Jesus estava pregando, mas como ali havia uma grande multidão, eles não conseguiram encontrar nenhum lugar perto da porta, muito menos, dentro da casa. As circunstâncias não permitiam que aquele homem e seus amigos fossem diante de Jesus. Eles devem ter implorado à multidão: "Por favor, dê-nos licença! Temos uma pessoa em estado crítico!" No entanto, a casa estava transbordando de gente; e se o paralítico e seus amigos não tivessem tido fé, eles teriam voltado para casa sem se encontrar com Jesus.

Contudo, eles de fato não desistiram, mas mostraram a fé que tinham. Depois de pensar em como poderiam encontrar-se com Jesus, como último recurso, os amigos daquele homem começaram a fazer um buraco no telhado da casa, sobre Jesus. Mesmo sabendo que depois iriam ter de se desculpar ao dono do lugar e pagar pelo prejuízo causado, o paralítico e seus amigos estavam realmente desesperados para encontrar-se com Jesus e receber a cura.

A fé é acompanhada por obras e as obras de fé só podem ser demonstradas quando você se diminui, em humildade de coração. Você já pensou ou falou para si mesmo; "Embora eu queira, minhas condições físicas não me permitem ir à igreja". Se o paralítico tivesse dito centenas de vezes: "Senhor, eu creio que o Senhor sabe que eu não posso encontrá-Lo, porque não posso mover-me. Também creio que o Senhor irá me curar mesmo eu estando deitado em minha cama", ele não teria sido considerado como alguém que demonstrou sua fé.

Aquele paralítico foi ter com Jesus para receber a cura sem se importar com o quanto aquilo lhe custaria. Ele cria e estava convencido de que seria curado, quando encontrasse Jesus, e pediu seus amigos para carregá-lo até Ele. Como estes também tinham fé, eles puderam servir seu amigo com deficiência, mesmo tendo que abrir um buraco no telhado de um estranho.

Se você realmente crer que será curado diante de Deus, ir para diante Dele é uma evidência de fé. É por isso que depois que eles abriram o buraco no telhado, os amigos do paralítico o desceram em sua maca e o apresentaram diante de Jesus. Naquela época, os telhados de Israel eram planos, tinham escadas até o chão, dando às pessoas fácil acesso a eles, e tinham telhas que eram fáceis de ser removidas – o que permitiu ao paralítico que fosse ter com Jesus de forma mais próxima que qualquer outra pessoa.

Podemos receber respostas
depois de resolvermos o problema do pecado

Em Marcos 2:5, vemos que Jesus deu claras evidências de sua alegria perante as obras de fé daquele paralítico. Antes de curá-lo, por que Ele lhe disse: *"Filho, os seus pecados estão perdoados"*? Porque o perdão de pecados precede a cura.

Em Êxodo 15:26, Deus nos diz: *"Se vocês derem atenção ao SENHOR, o seu Deus, e fizerem o que ele aprova, se derem ouvidos aos seus mandamentos e obedecerem a todos os seus decretos, não trarei sobre vocês nenhuma das doenças que eu trouxe sobre os egípcios, pois eu sou o SENHOR que os cura".*

Aqui, "as doenças que eu trouxe sobre os egípcios" se refere a todo tipo de doença conhecida pelo homem. Portanto, quando obedecemos aos mandamentos de Deus e vivemos pela Sua Palavra, Deus nos protege, de modo que nenhuma doença pode vir sobre nós. Além do mais, em Deuteronômio 28, Deus nos promete que desde que obedeçamos e vivamos segundo a Sua Palavra, nenhuma enfermidade se infiltrará em nossos corpos. Em João 5, depois de curar um homem que havia estado doente há trinta e oito anos, Jesus lhe disse: *"Mais tarde Jesus o encontrou no templo e lhe disse: 'Olhe, você está curado. Não volte a pecar, para que algo pior não lhe aconteça'"* (v. 14).

Como todas as doenças se originam do pecado, antes de curar aquele paralítico, Jesus primeiro o perdoou. Ter com Jesus, no entanto, nem sempre resulta em perdão. Para que recebamos a cura, devemos primeiro nos arrepender de nossos pecados e sair de seus caminhos. Se você era um pecador, você deve ser alguém que não peque mais; se antes era um mentiroso, deve ser alguém que não minta mais; e se antes odiava as pessoas, ser alguém que não mais o faça. Somente aqueles que obedecem á palavra de Deus é que Ele dá o Seu perdão. Além do mais, meramente confessar "eu creio" não lhe garante o perdão; mas quando vamos para a luz, o sangue do Senhor nos lava naturalmente de todos os pecados (1 João 1:7).

O paralítico anda pelo poder Deus

Em Marcos 2, vemos que depois de receber o perdão, aquele paralítico se levantou, pegou sua maca e andou perante muitas pessoas. Inicialmente, quando ele se encontrou com Jesus, estava deitado sobre uma maca; mas no momento em que Jesus lhe disse: *"Filho, os seus pecados estão perdoados"* (v. 5), ele foi curado. Ao invés de se regozijarem com aquela cura, entretanto, os mestres da lei estavam ocupados discutindo. Quando Jesus disse àquele homem: *"Filho, os seus pecados estão perdoados"*, eles pensaram consigo mesmos: *"Por que esse homem fala assim? Está blasfemando! Quem pode perdoar pecados, a não ser somente Deus?"* (v. 7).

Então Jesus lhes disse: *"Por que vocês estão remoendo essas coisas em seu coração? Que é mais fácil dizer ao paralítico: Os seus pecados estão perdoados, ou: Levante-se, pegue a sua maca e ande? Mas, para que vocês saibam que o Filho do homem tem na terra autoridade para perdoar pecados"* (v. 8-10). Depois de iluminá-los com a providência de Deus, quando Jesus disse ao paralítico: *"eu lhe digo: Levante-se, pegue a sua maca e vá para casa"*, (v. 11) o homem se levantou imediatamente e andou. Em outras palavras, para o homem que havia estado paralítico, receber a cura indica que ele recebeu perdão, e que Deus garantiu cada palavra que Jesus falou. Trata-se também de uma evidência de que o Deus onisciente garante Jesus como o Salvador da humanidade.

Ocasiões de gente se levantando, saltando e andando

Em João 14:11, Jesus nos diz: *"Creiam em mim quando digo que estou no Pai e que o Pai está em mim; ou pelo menos creiam por causa das minhas obras"*. Portanto, devemos crer que Deus Pai e Jesus são um e o mesmo sabendo que aquele paralítico que teve com Jesus em fé foi perdoado, se levantou, saltou e andou ao Seu comando.

Depois, em João 14:12, Jesus também nos diz: *"Digo-lhes a verdade: Aquele que crê em mim fará também as obras que tenho realizado. Fará coisas ainda maiores do que estas, porque eu estou indo para o Pai"*. Como já cria cem por cento na palavra de Deus, depois que fui chamado como servo de Deus, eu jejuei e orei por muitos e muitos dias para receber o Seu poder. Consequentemente, testemunhos de curas de doenças que a medicina moderna não pode curar têm sido abundantes na Manmin, desde quando foi fundada.

Cada vez que a igreja como um todo passou por provações de bênçãos, a velocidade com a qual os pacientes eram curados aumentava e doenças mais críticas eram saradas. Através do Encontro Especial de Avivamento de Duas Semanas anual e das internacionais Grandes Cruzadas Unidas, um grande número de pessoas em todo o mundo já experimentou o incrível poder de Deus.

Dentre inúmeras ocasiões onde pessoas se levantaram, saltaram e andaram, citarei aqui alguns exemplos.

Levantando-se depois de nove anos em uma cadeira de rodas

O primeiro testemunho será o do Diácono Yoonsuo Kim. Em maio de 1990, ele caiu de uma altura equivalente a mais ou menos de um prédio de cinco andares, enquanto trabalhava com eletricidade na Cidade Científica de Taedok, na Coreia do Sul. Isso aconteceu antes de ele crer em Deus.

Imediatamente depois de sua queda, ele foi levado ao Hospital Sun em Toosung, na província de Choognam, onde ficou em coma por seis meses. Depois de acordar do coma, entretanto, a dor da pressão e rompimento nas 11ª e 12ª vértebras e da hérnia nas 4ª e 5ª vértebra lombar era insuportavelmente agonizante. Os médicos do hospital informaram a Kim que seu estado era crítico, e ele foi transferido para outros hospitais diversas vezes. No entanto, diante de nenhuma mudança ou progresso em sua condição física, Kim passou a ser considerado como tendo 1º grau de incapacidade física. Ao redor de sua cintura, Kim tinha de usar um suporte para sua espinha o tempo todo e, como não podia deitar, tinha de dormir sempre sentado.

Enquanto passava por esse período difícil, Kim foi evangelizado e foi para a Manmin, onde começou uma vida em Cristo. Quando foi ao Encontro Especial de Cura Divina em novembro de 1998, Kim teve então uma experiência inacreditável. Depois de receber uma oração minha, ele conseguiu se levantar de sua cadeira de rodas e andar com muletas.

Para receber a cura completa, o Diácono Kim passou a frequentar fielmente todos os cultos e encontros e não parava de orar. Com intenso desejo de ir e se preparar para o 7º Encontro Especial de Avivamento de Duas Semanas, em maio de 1999, ele orou por vinte e um dias e, na primeira sessão do encontro, quando orei do púlpito pelos enfermos, Kim sentiu um forte raio de luz brilhando sobre ele e teve uma visão na qual ele estava correndo. Na segunda semana, quando coloquei minhas mãos sobre ele e orei, ele pôde sentir que o seu corpo estava mais leve. Quando o fogo do Espírito Santo desceu até seus pés, uma força desconhecida por ele lhe foi dada – ele pôde jogar fora seu suporte para a coluna e as muletas, andar sem nenhuma dificuldade e mover sua cintura livremente.

Pelo poder de Deus, o Diácono Kim veio a andar como uma pessoa comum. Hoje ele até anda de bicicleta e serve na igreja diligentemente. Além do mais, há pouco tempo atrás,

"*Minhas pernas e cintura enrijecidas...*
meu enrijecido coração...

Não conseguia me deitar,
não conseguia andar...
Em quem posso confiar?

Quem me aceitará?
Como viverei?"

Diácono Yoonsup Kim
em seu aparelho de costas e cadeira de rodas

"Aleluia!
Deus está vivo!
Pode me ver andando?"

Diácono Kim regozija com outros membros da Manmin
depois de ser curado
através da oração do Dr. Jaerock Lee

ele também se casou e agora tem vivido uma vida
verdadeiramente feliz.

Levantando-se da cadeira de rodas
depois de receber oração com lenço

Na Manmin, eventos espetaculares registrados na Bíblia e
milagres extraordinários acontecem e, através deles, Deus é
glorificado cada vez mais. Dentre tais eventos e milagres está a
manifestação do poder de Deus através de lenços.

Em Atos 19:11-12, vemos que *"Deus fazia milagres
extraordinários por meio de Paulo, de modo que até lenços e
aventais que Paulo usava eram levados e colocados sobre os
enfermos. Estes eram curados de suas doenças, e os espíritos
malignos saíam deles"* Da mesma forma, quando as pessoas
levam aos doentes lenços nos quais orei ou qualquer objeto no
meu corpo, maravilhosas obras de cura são manifestadas. Como
consequência, muitos países e povos de todo o mundo têm nos
pedido para realizar cruzadas com lenços em suas regiões.
Inúmeras pessoas em países da África, no Paquistão, Indonésia,
Filipinas, Honduras, Japão, China, Rússia, etc, têm
experimentado "milagres extraordinários" também.

Em abril de 2001, um dos pastores da Manmin realizou uma
cruzada de lenço na Indonésia, onde inúmeras pessoas foram

curadas e glorificaram o Deus vivo. Entre elas estava o precedente governador do estado, que andava em uma cadeira de rodas. Quando foi curado através da oração com o lenço, a notícia se espalhou pela mídia rapidamente.

Em maio de 2003, outro pastor da Manmin realizou uma cruzada de lenço na China onde, dentre as várias ocorrências de cura, estava a de um homem que precisava de muletas para andar havia, trinta e quatro anos, e passou a andar sozinho.

Ganesh joga fora suas muletas no Festival de Curas e Milagres de 2002 na Índia

No Festival de Curas e Milagres de 2002 na Índia, na praia Marina em Chennai, predominantemente hindu, mais de três milhões de pessoas se reuniram, testemunharam pessoalmente incríveis obras do poder de Deus e muitas se converteram ao cristianismo. Antes dessa cruzada, a velocidade na qual ossos enrijecidos e nervos mortos eram curados era devagar, mas começando com a cruzada na Índia, a obra de cura começou a desafiar a ordem do corpo humano.

Dentre os que haviam recebido a cura estava um menino de dezesseis anos de idade chamado Ganesh. Ele tinha caído de bicicleta e machucou sua pélvis direita. Com as dificuldades financeiras em casa, não pôde receber o devido tratamento e, depois de um ano, um tumor se desenvolveu em seu osso, o que o fez ter sua pélvis direita removida. Os médicos colocaram uma fina placa de metal em seu fêmur e porções restantes da pélvis e a prenderam ali com nove pinos. A enorme dor causada por esses pinos o impedia de subir ou descer escadas ou andar sem muletas.

Quando ouviu falar da cruzada, Ganesh resolveu participar e experimentou a obra de fogo do Espírito Santo. No segundo dia da cruzada de quatro dias, enquanto recebia a "Oração pelos Enfermos", sentiu seu corpo esquentar como se tivesse em uma panela de água quente, e parou de sentir qualquer dor. Imediatamente, ele subiu ao palco e deu testemunho de sua cura. A partir de então, ele não sentiu mais dor alguma, parou de usar muletas e passou a andar e correr livremente.

Uma mulher se levanta da cadeira de rodas em Dubai

Em abril de 2003, enquanto eu estava em Dubai, Emirados Árabes Unidos, uma mulher nascida na Índia se levantou de sua cadeira de rodas logo depois de receber minha oração. Ela era uma mulher inteligente que havia estudado nos EUA e, devido a problemas pessoais, estava sofrendo de um choque mental que havia se complicado depois de um acidente de trânsito.

Na primeira vez que vi essa mulher, ela não conseguia andar,

"Não posso mais sentir
os nove pinos
que estavam apertando
minha carne e ossos!

Antes não conseguia nem me levantar
por causa da dor,
mas agora posso andar!"

Ganesh caminha
sem suas muletas
depois de receber
oração do Dr. Jaerock Lee

não tinha forças para falar direito e não conseguia sequer pegar os óculos se eles caíssem no chão. Ela ainda disse que estava fraca demais para escrever ou pegar um copo de água. Só com o mero toque dos outros, ela já sentia grande dor. Depois da minha oração, todavia, a mulher se levantou imediatamente de sua cadeira de rodas. Até eu me surpreendi com essa mulher, que não tinha nem forças para falar direito até poucos minutos atrás e agora pôde pegar todos os seus pertences e sair do local andando.

Jeremias 29:11 nos diz: *"Porque sou eu que conheço os planos que tenho para vocês', diz o SENHOR, 'planos de fazê-los prosperar e não de lhes causar dano, planos de dar-lhes esperança e um futuro"* Nosso Deus Pai nos ama tanto que não poupou o Seu único Filho por nós.

Logo, mesmo que você venha vivendo uma vida miserável por causa de alguma deficiência física, você pode ter a esperança de viver uma vida feliz e saudável pela fé em Deus Pai. Ele não quer ver nenhum de Seus filhos em provações e aflição, mas anseia para dar a todos paz, alegria, felicidade e um futuro.

Através da história de um paralítico relatada em Marcos 2, você pôde conhecer as formas e métodos pelos quais podemos receber respostas aos desejos do nosso coração. Que cada um de vocês possa se preparar como um vaso de fé e receber o que quer que peça. Em nome do Senhor Jesus Cristo, eu oro!

"Embora não tivesse forças suficientes para mover um dedo, eu sabia que seria curada quando fosse diante Dele. Minha esperança não era em vão, e Deus a satisfez!"

Uma mulher nascida na Índia levanta de sua cadeira de rodas e anda depois de receber oração do Dr. Jaerock Lee

As Pessoas se Regozijarão, Dançarão e Cantarão

- Jesus cura um surdo e gago
- Ocasiões de Deus curando surdez na Manmin
- Surdez inata é curada
- Jennifer para de usar seu aparelho auditivo
        no Festival de Curas Milagrosas na Índia em 2002
- A fim de experimentar o poder de Deus que
        faz o mudo falar e o surdo ouvir

Marcos 7:31-37

A seguir, Jesus saiu dos arredores de Tiro e atravessou Sidom, até o mar da Galileia e a região de Decápolis. Ali algumas pessoas lhe trouxeram um homem que era surdo e mal podia falar, suplicando que lhe impusesse as mãos. Depois de levá-lo à parte, longe da multidão, Jesus colocou os dedos nos ouvidos dele. Em seguida, cuspiu e tocou na língua do homem. Então voltou os olhos para o céu e, com um profundo suspiro, disse-lhe: "Efatá!", que significa "abra-se!" Com isso, os ouvidos do homem se abriram, sua língua ficou livre e ele começou a falar corretamente. Jesus ordenou-lhes que não o contassem a ninguém. Contudo, quanto mais ele os proibia, mais eles falavam. O povo ficava simplesmente maravilhado e dizia: "Ele faz tudo muito bem. Faz até o surdo ouvir e o mudo falar".

Em Mateus 4:23-24 encontramos o seguinte:

Jesus foi por toda a Galileia, ensinando nas sinagogas deles, pregando as boas novas do Reino e curando todas as enfermidades e doenças entre o povo. Notícias sobre ele se espalharam por toda a Síria, e o povo lhe trouxe todos os que estavam padecendo vários males e tormentos: endemoniados, epiléticos e paralíticos; e ele os curou.

Jesus não apenas pregava a palavra de Deus e as boas novas do reino, mas também curava inúmeras pessoas que estavam sofrendo de uma variedade de doenças. Com a cura de doenças diante das quais o poder dos homens era inútil, a palavra que Jesus proclamava era gravada no coração das pessoas e Ele as guiava para o céu, pela sua fé.

Jesus cura um surdo e gago

Em Marcos 7 há uma história de quando Jesus viajou de Tiro para Sidom e depois de Sidom para o mar da Galileia e a região de Decápolis, e curou um surdo e gago. Se alguém "mal podia falar", isso significa que a pessoa gaguejava e não conseguia falar de forma eloquente. O homem dessa passagem provavelmente aprendeu a falar quando era criança, mas depois ficou surdo e agora "mal podia falar".

No geral, um "surdo-mudo" é alguém que não aprendeu a linguagem e nem a falar por causa da surdez, enquanto a bradiacusia se refere à dificuldade de ouvir. Há várias causas quando alguém fica surdo-mudo. A primeira é a hereditariedade, a segunda é quando o bebê já nasce surdo-mudo, porque sua mãe teve rubéola ou tomou medicações prejudiciais a ele na gravidez e a terceira é quando a criança tem meningite aos três ou quatro anos de idade, idade quando a criança aprende a falar e pode ficar surda-muda. No caso de bradiacusia, se o tímpano foi rompido, aparelhos auditivos podem ajudar na audição, mas quando o problema é no nervo auditivo em si, nada pode ajudar. Há também casos de perda de audição quando a pessoa trabalha em ambiente muito barulhento ou passa a perdê-la com o avanço da idade. Para esses dizem não haver cura total.

Há também casos onde a pessoa fica surda-muda por causa de demônios. Em tais casos, quando alguém com autoridade espiritual expulsa os espíritos malignos, a pessoa passa a ouvir e falar imediatamente. Em Marcos 9:25-27, quando Jesus repreendeu um espírito maligno em um menino que não conseguia falar, *"Espírito mudo e surdo, eu ordeno que o deixe e nunca mais entre nele"* (v. 25), o espírito saiu do menino e este ficou bem.

Creia que quando Deus trabalha, nenhuma doença ou fraqueza pode lhe causar problemas ou ameaçar. É por isso que vemos em Jeremias 32:27: *"Eu sou o SENHOR, o Deus de toda a humanidade. Há alguma coisa difícil demais para mim?"* Salmo 100:3 nos incentiva dizendo: *"Reconheçam que o SENHOR é o nosso Deus. Ele nos fez e somos dele: somos o seu povo, e rebanho do seu pastoreio"*, enquanto o Salmo 94:9 nos lembra: *"Será que quem fez o ouvido não ouve? Será que quem formou o olho não vê?"* Quando cremos no Deus Pai onisciente que formou nossos ouvidos e olhos, tudo é possível. É essa a razão pela qual, para Jesus, que veio à terra em carne, tudo era possível. Como encontramos em Marcos 7, quando Jesus curou o homem surdo e gago, seus ouvidos foram abertos e suas palavras se tornaram coerentes.

Quando não apenas cremos em Jesus Cristo, mas também pedimos pelo poder de Deus com uma fé amadurecida, as mesmas obras registradas na Bíblia passam a acontecer hoje. Sobre isso, Hebreus 13:8 nos diz: *"Jesus Cristo é o mesmo, ontem, hoje e para sempre"* e Efésios 4:13 nos lembra que nós temos de *"alcançar a unidade da fé e do conhecimento do Filho de Deus, e cheguemos à maturidade, atingindo a medida da plenitude de Cristo"*.

Entretanto, quando se trata de degeneração de partes do corpo ou quando uma pessoa é surda-muda por causa da morte de células nervosas, a cura não pode ser liberada só com o dom da cura. Só quando o indivíduo, que alcançou a medida da plenitude de Cristo, recebe o poder e a autoridade de Deus e ora, segundo a Sua vontade, é que tais coisas são curadas.

Ocasiões de Deus curando surdez na Manmin

Já testemunhei várias ocasiões em que a bradiacusia foi curada e pessoas que eram surdas de nascença ouviram pela primeira vez. Conheci duas pessoas que vieram a ouvir pela primeira vez aos 55 e 57 anos de idade.

Em setembro de 2000, quando realizei o Festival de Curas e Milagres em Nagoia, Japão, treze pessoas com perda parcial de audição foram curadas, assim que receberam minha oração. Essa notícia foi divulgada na Coreia e muitas pessoas, com o mesmo problema, compareceram ao 9º Encontro Especial de Avivamento de Duas Semanas em maio de 2001, foram curadas e glorificaram grandemente a Deus.

Dentre elas havia uma mulher de 33 anos que tinha ficado surda-muda quando sofreu um acidente aos oito anos de idade. Depois de ter sido levada à igreja pouco antes do Encontro de 2001, ela se preparava para receber respostas. Ia todos os dias ao "Encontro da Oração de Daniel" e, enquanto lembrava de seus pecados no passado, rendia seu coração. Depois de se preparar

"Com a vida
Que nos deste,
Andaremos
Sobre a terra
ansiando por Ti.

Minha'lma que
é clara como o cristal
se achega a Ti"

Diaconisa Napshim Park glorifica a Deus depois de ser curada de
55 anos de surdez.

ansiosamente pelo Encontro de Avivamento, ela finalmente foi ao evento. Durante a última sessão do Encontro, quando impus minhas mãos sobre os surdos-mudos e orei por eles, ela não sentiu nenhuma mudança imediata em seu corpo. Contudo, não se decepcionou, mas observou o testemunho das pessoas que haviam sido curadas com alegria e gratidão e creu ainda mais intensamente, que ela também podia ser curada.

Deus considerou aquilo como fé e curou-a pouco depois que o Encontro terminou. Assim, já vi a obra do poder de Deus manifestado mesmo depois que o Encontro acabou. O teste auditivo que ela fez mais tarde testificou de sua cura completa em ambos ouvidos. Aleluia!

Surdez inata é curada

A magnitude da manifestação do poder de Deus tem aumentado ano após ano. Na Cruzada de Curas Milagrosas de Honduras, em 2002, inúmeras pessoas que antes eram surdas-mudas passaram a ouvir e falar. Quando a filha do chefe da equipe de segurança foi curada de sua surdez de nascença, durante a cruzada, ela ficou muito alegre e extremamente grata.

Um dos ouvidos de Madeline Yaimin Bartres, de oito anos, não havia se desenvolvido adequadamente e ela perdeu sua audição gradativamente. Ao ouvir falar da cruzada, Madeline implorou ao seu pai que a levasse ao evento. Ela recebeu graça abundante durante o louvor e, depois de receber minha oração por todos os enfermos, ela começou a ouvir claramente. Como seu pai trabalhava fielmente pela cruzada, Deus abençoou sua filha dessa maneira.

Jennifer para de usar seu aparelho auditivo no Festival de Curas Milagrosas na Índia em 2002

Embora não consigamos registrar todos os incontáveis testemunhos de cura durante e depois da Cruzada na Índia, mesmo com algumas poucas selecionadas já somos compelidos a agradecer e glorificar a Deus. Dentre os vários casos, está a história de uma menina chamada Jennifer, que nasceu surda-muda. Um médico sugeriu que ela passasse a usar um aparelho auditivo que melhoraria sua audição um pouco, ressaltando que ela não seria perfeita.

Enquanto a mãe de Jennifer orava todos os dias pela cura de sua filha, elas foram à cruzada. Elas se sentaram perto de uma grande caixa de som, já que a proximidade entre elas e a caixa não incomodaria a menina. No último dia da cruzada, entretanto, devido ao grande número de pessoas, elas não conseguiram encontrar um lugar perto da caixa. O que aconteceu então foi realmente inacreditável: assim que terminei a oração pelos enfermos, do púlpito, Jennifer disse à sua mãe que todo aquele som estava alto demais e pediu que ela tirasse seu aparelho auditivo. Aleluia!

Segundo registros médicos anteriores à cura, sem o aparelho auditivo, a audição de Jennifer não respondia nem mesmo à maior intensidade do som. Em outras palavras, Jennifer havia perdido 100% de sua audição, mas depois de receber a oração, descobriu-se que 30-40% de sua audição havia sido restaurada. Segue a avaliação de um otorrinolaringologista:

A fim de avaliar a habilidade auditiva de Jennifer, com 5 anos de idade, examinei-a no C.S.I no Hospital de Kalyani. Depois de falar com Jennifer e examiná-la, cheguei à conclusão de que houve considerável melhoria em sua audição depois da oração. As opiniões de sua mãe também são pertinentes. Ela observou o mesmo que eu: a audição de Jennifer certamente melhorou drasticamente. No momento, ela consegue ouvir bem sem nenhum aparelho auditivo e responde bem às pessoas que chamam seu nome. Isso não acontecia sem o aparelho antes da oração.

Para aqueles que preparam seus corações com fé, o poder de Deus é, sem dúvida, manifestado. Obviamente, há também muitos exemplos nos quais as condições do paciente melhoram dia após dia, à medida que são fiéis a Cristo.

Muitas vezes, Deus não dá a cura completa de primeira

CHURCH OF SOUTH INDIA   Phone : 857 11 01
                                        859 23 06

MADRAS DIOCESE

C. S. I. KALYANI MULTI SPECIALITY HOSPITAL

15, Dr. Radhakrishnan Salai, Chennai-600 004. (South India)

Ref. No.   Date 15/10/02

Audiogram Result : Moderate to severe sensori-neural hearing loss i.e 50% - 70% hearing loss. Christine

To whom it may concern.

Miss Jennifer aged 5 yrs has been examined by me at CSI Kalyani hospital for her hearing.

After interacting with the child and observing her and after examining this child, I have come to the conclusion that Jennifer has definitely good hearing improvement now than before she was prayed for. Her mothers observation of her child is far more important and the mother has definitely noticed marked improvement in her childs hearing ability. Jennifer hears much better without the hearing aid, responding to her name being called where as previously she was not, without the aid

Christine ....

Medical Officer,
C. S. I. KALYANI GENERAL HOSPITAL
Mylapore ....

àqueles que são surdos desde novos. Se passassem a ouvir bem desde o momento em que são curados, seria difícil suportar todos os sons. Quando as pessoas perdem a audição quando já adultas, Deus pode curá-las completamente de uma vez, pois não levarão muito tempo para se ajustar aos sons. Em tais casos, as pessoas podem ficar um pouco confusas inicialmente, mas depois de um ou dois dias, acalmam-se e se acostumam com sua habilidade de ouvir.

Em abril de 2003, durante minha viagem a Dubai nos Emirados Árabes Unidos, conheci uma mulher de 32 anos que, depois de uma meningite cerebral, aos dois anos de idade, tinha perdido a fala. Assim que ela recebeu minha oração, ela disse claramente, "Obrigada!" Achei aquilo comum, como mais um símbolo de agradecimento; porém, seus pais disseram-me depois que havia três décadas que ela pronunciou "Obrigada" pela última vez.

A fim de experimentar o poder de Deus que faz o mudo falar e o surdo ouvir

Em Marcos 7:33-35 vemos:

Depois de levá-lo à parte, longe da multidão, Jesus colocou os dedos nos ouvidos dele. Em seguida, cuspiu e tocou na língua do homem. Então voltou os olhos para o céu e, com um profundo suspiro, disse-lhe: "Efatá!", que significa "abra-se!" Com isso, os ouvidos do homem se abriram, sua língua ficou livre e ele começou a falar corretamente.

Aqui, "Efatá" significa "Abra-se" em hebraico. Quando Jesus ordenou na voz original da criação, os ouvidos do homem se abriram e sua língua ficou livre.

Por que, então, Jesus colocou Seus dedos sobre os ouvidos do homem antes de ordenar "Efatá"? Romanos 10:17 nos diz: *Consequentemente, a fé vem por se ouvir a mensagem, e a mensagem é ouvida mediante a palavra de Cristo".* Uma vez que esse homem não podia ouvir, não era fácil para ele ter fé. Além disso, o homem não foi ter com Jesus para receber cura, mas algumas pessoas o levaram a Ele. Colocando Seus dedos nos ouvidos dele, Jesus o ajudou a ter fé ao sentir Seus dedos.

Somente quando entendemos o significado espiritual implícito na cena em que Jesus manifestou o poder de Deus é que podemos experimentar o Seu poder. Quais são os passos específicos que devemos tomar?

Devemos possuir a fé para receber a cura

Mesmo que pequena, a pessoa que precisa de cura tem de ter

fé. Entretanto, diferente dos tempos de Jesus e por causa do avanço da civilização, há muitos meios, incluindo a linguagem de sinais, pelos quais até os deficientes auditivos podem se deparar com o evangelho. Desde alguns anos atrás, todos os sermões na Manmin são traduzidos simultaneamente para a linguagem de sinais. Mensagens mais antigas também estão sendo continuamente atualizadas no nosso site.

Além do mais, há ainda várias outras maneiras de você ter fé, que incluem livros, jornais, revistas e fitas cassetes e de vídeo, bastando apenas ter determinação. Uma vez adquirida a fé, você pode experimentar o poder de Deus. Eu já mencionei diversos testemunhos a fim de ajudá-lo a ter fé.

Depois, devemos receber o perdão

Por que Jesus cuspiu e tocou na língua do homem depois de pôr Seus dedos em seus ouvidos? Isso, espiritualmente, simboliza o batismo com a água e foi necessariamente para o perdão dos pecados daquele homem. O batismo nas águas significa que pela palavra de Deus, que é como a límpida água, nós somos limpos de todos os nossos pecados. A fim de experimentar o poder de Deus, a pessoa deve primeiro resolver o problema do pecado. Ao invés de limpar a sujeira daquele homem com água, Jesus substituiu-a por Sua saliva, simbolizando então seu perdão. Isaías 59:1-2 nos diz: *"Vejam! O braço do SENHOR não está tão encolhido que não possa salvar, e o seu ouvido tão surdo que não possa ouvir. Mas as suas maldades separaram vocês do seu Deus; os seus pecados esconderam de vocês o rosto dele, e por isso ele não os ouvirá".*

Como Deus nos prometeu em 2 Crônicas 7:14: *"se o meu povo, que me chama pelo meu nome, se humilhar e orar, buscar a minha face e se afastar dos seus maus caminhos, dos céus o ouvirei, perdoarei o seu pecado e curarei a sua terra",* para recebermos respostas diante de Deus, devemos olhar para nós mesmos, render nossos corações e nos arrepender.

Do que devemos nos arrepender diante de Deus?

Primeiro, você deve se arrepender de não ter crido em Deus e aceitado Jesus Cristo. Em João 16:9, Jesus nos diz que o Espírito Santo convence o mundo da culpa em relação ao pecado, pois o homem não crê Nele. Você deve entender que não aceitar o Senhor é um pecado e, portanto, passe a crer no Senhor e em Deus.

Segundo, se você não ama seus irmãos, você deve se arrepender. 1 João 4:11 nos diz: *"Amados, visto que Deus assim nos amou, nós também devemos amar uns aos outros".* Se seu irmão o odeia, em vez de odiá-lo de volta, você deve ser tolerante e pronto para perdoar. Você também deve amar seus inimigos, procurar primeiramente pelo interesse do próximo, pensar e agir colocando-se no lugar do outro. Quando você passa a amar todas as pessoas, Deus também lhe mostra compaixão, misericórdia e obras de cura.

Terceiro, se você tem orado por interesses próprios, você deve se arrepender. Deus não agrada daqueles que oram com motivações egoístas. Ele não irá lhe responder. De agora para frente, ore segundo a vontade de Deus.

Quarto, se você orou, mas duvidou, você deve se arrepender. Tiago 1:6-7 diz: *"Peça-lhe, porém, com fé, sem duvidar, pois aquele que duvida é semelhante à onda do mar, levada e agitada pelo vento. Não pense tal pessoa que receberá coisa alguma do Senhor"*. Assim sendo, quando oramos, devemos orar com fé e agradar a Deus. Como Hebreus 11:6 diz: *"sem fé é impossível agradar a Deus"*, livre-se das dúvidas e peça tudo com fé.

Quinto, se você não obedeceu ou tem obedecido aos mandamentos de Deus, você deve se arrepender. Como Jesus nos diz em João 14:21: *"Quem tem os meus mandamentos e lhes obedece, esse é o que me ama. Aquele que me ama será amado por meu Pai, e eu também o amarei e me revelarei a ele"*. Quando você demonstra e prova seu amor por Deus, obedecendo aos Seus mandamentos, você pode receber Suas respostas. De tempos em tempos, crentes se envolvem em acidentes de trânsito. Isso é porque a maioria deles não manteve o Dia do Senhor santo ou não deu o dízimo corretamente. Uma vez que não cumpriram o mais fundamental conjunto de regras para os cristãos, os Dez Mandamentos, eles não puderam ser colocados debaixo da proteção de Deus. Dentre aqueles que obedecem a Seus mandamentos fielmente, há realmente os que se envolvem em acidentes, mas por seus próprios erros. No entanto, estes são protegidos por Deus, e, em tais casos, as pessoas envolvidas não se machucam (mesmo em casos de perda total), porque Deus as ama e lhes dá provas de Seu amor.

Pessoas que não conhecem a Deus geralmente são curadas rapidamente depois de receberem oração. Isso ocorre pelo fato de que só sua ida à igreja já é um ato de fé e Deus então trabalha nelas. Entretanto, quando as pessoas têm fé e conhecem a verdade, mas continuam desobedecendo aos mandamentos de Deus, não vivem pela Sua palavra, isso se torna uma parede entre elas e Deus – o que as impede de serem curadas. A razão pela qual Deus trabalha intensamente entre não-crentes durante nossas Cruzadas Unidas internacionais é porque o fato de aqueles que adoram ídolos ouvir falar e ir às cruzadas, já é uma obra de fé aos olhos de Deus.

Sexto, se você não plantou, você deve se arrepender. Como

Gálatas 6:7 nos diz: *"Não se deixem enganar: de Deus não se zomba. Pois o que o homem semear, isso também colherá"*. A fim de experimentar o poder de Deus, você deve primeiro ir aos cultos diligentemente. Lembre-se de que quando você planta com o seu corpo, você recebe bênçãos de saúde e quando você planta com suas riquezas, você recebe bênçãos de prosperidade financeira. Portanto, se você quer colher sem plantar, você deve se arrepender disso.

1 João 1:7 diz: *"Se, porém, andarmos na luz, como ele está na luz, temos comunhão uns com os outros, e o sangue de Jesus, seu Filho, nos purifica de todo pecado"*. Ademais, agarrando-se à promessa de Deus em 1 João 1:9: *"Se confessarmos os nossos pecados, ele é fiel e justo para perdoar os nossos pecados e nos purificar de toda injustiça"*, esteja certo de olhar para si mesmo, arrepender-se e andar na luz.

Que você possa receber a compaixão de Deus, receber tudo que pedir e, pelo Seu poder, receber não apenas bênçãos de saúde, mas também bênçãos em todas as áreas de sua vida. Em nome do Senhor Jesus Cristo, eu oro!

Mensagem 9

A Providência Infalível de Deus

- O amor de Deus quer salvar todas as almas
- O poder de Deus é propagado no fim dos tempos
- Sinais do fim dos tempos registrados na Bíblia
- Profecias sobre o fim dos tempos
    e a providência de Deus para a Igreja Central Manmin

Deuteronômio 26:16-19

O SENHOR, o seu Deus, lhes ordena hoje que sigam esses decretos e ordenanças; obedeçam-lhes atentamente, de todo o seu coração e de toda a sua alma. Hoje vocês declararam que o SENHOR é o seu Deus e que vocês andarão nos seus caminhos, que guardarão os seus decretos, os seus mandamentos e as suas ordenanças, e que vocês lhe obedecerão. E hoje o SENHOR declarou que vocês são o seu povo, o seu tesouro pessoal, conforme ele prometeu, e que vocês terão que obedecer a todos os seus mandamentos. Ele declarou que lhes dará uma posição de glória, fama e honra muito acima de todas as nações que ele fez, e que vocês serão um povo santo para o SENHOR, o seu Deus, conforme ele prometeu.

Se pedissem para pessoas selecionarem a maior forma de amor, muitas escolheriam o amor dos pais, especialmente o de uma mãe para com seu bebê. Contudo, encontramos em Isaías 49:15: *"Haverá mãe que possa esquecer seu bebê que ainda mama e não ter compaixão do filho que gerou? Embora ela possa esquecê-lo, eu não me esquecerei de você!"* O abundante amor de Deus é incomparável ao amor de uma mãe por seu bebê que ainda mama.

O Deus de amor quer que todas as pessoas não apenas recebam a salvação, mas também desfrutem da vida eterna, bênçãos e o prazer do céu magnífico. É por isso que Ele livra Seus filhos de provações e aflições e quer dar-lhes tudo que pedem. Deus também leva cada um de nós a viver uma vida abençoada, não apenas na terra, mas também na vida eterna que está por vir.

Agora, através do poder e das profecias que Deus nos concedeu em amor, examinaremos Sua providência para a Igreja Central Manmin.

O amor de Deus quer salvar todas as almas

Encontramos o seguinte em 2 Pedro 3:3-4:

Antes de tudo saibam que, nos últimos dias, surgirão escarnecedores zombando e seguindo suas próprias paixões. Eles dirão: "O que houve com a promessa da sua vinda? Desde que os antepassados morreram, tudo continua como desde o princípio da criação".

Há muitas pessoas que não acreditariam em nós quando lhes contássemos sobre o fim dos tempos. Como o sol sempre nasceu e se pôs, como as pessoas sempre nasceram e morreram, e como a civilização sempre avançou, tais pessoas presumem, naturalmente, que tudo continuará.

Assim como há tanto um começo como um fim para a vida de um homem, o mesmo acontecerá com a história da humanidade: há certamente um fim para ela. Quando o tempo de Deus chegar, tudo no universo estará diante do fim. Todas as pessoas que tiverem vivido desde Adão serão julgadas. De acordo como cada um viveu sobre a terra, as pessoas irão ou para o céu ou para o inferno.

Por um lado, as pessoas que creem em Jesus Cristo e vivem pela palavra de Deus entrarão no céu. Por outro, as pessoas que não crêem, mesmo depois de serem evangelizadas, e as pessoas que não vivem segundo a palavra de Deus, mas sim em pecado e maldade, embora confessem sua fé no Senhor, irão para o inferno. É por isso que Deus está ansioso para espalhar o evangelho pelo mundo o mais rápido possível – para que mais uma alma possa receber a salvação.

O poder de Deus é propagado no fim dos tempos

A grande razão pela qual Deus estabeleceu a Igreja Central Manmin e manifesta maravilhoso poder através de nós está aqui: através da manifestação do Seu poder, Deus quer dar provas da existência de um Deus verdadeiro e iluminar as pessoas quanto à realidade do céu e inferno. Como Jesus nos disse, em João 4:48: *"Se vocês não virem sinais e maravilhas, nunca crerão"*, especialmente em um tempo onde o pecado e a maldade reinam e o conhecimento se multiplica, a obra do poder que pode quebrar o pensamento humano é ainda mais necessária. É por isso que, no fim dos tempos, Deus disciplina e abençoa a Manmin com crescente poder.

Ademais, a cultivação da humanidade, que Deus desenhou, está também se aproximando de seu fim. Até que o tempo Dele chegue, o poder é algo necessário que pode salvar todas as pessoas que tiverem a chance de receber a salvação. Só com poder é que mais pessoas podem ser guiadas pelo caminho da salvação cada vez mais rapidamente.

Devido a persistentes perseguições e aflições, tem sido extremamente difícil espalhar o evangelho em alguns países no mundo, e hoje há ainda mais pessoas que ainda não ouviram as boas novas. Ademais, entre aqueles que professam sua fé no Senhor, o número daqueles cuja fé é verdadeira não é tão alto como pensamos. Em Lucas 18:8, Jesus nos pergunta: *"Contudo, quando o Filho do homem vier, encontrará fé na terra?"* Muitos vão à igreja, mas não têm muita diferença de vida em relação às pessoas do mundo, pois continuam vivendo em pecado.

Contudo, mesmo em países e lugares do mundo onde há severa perseguição do cristianismo, uma vez que as pessoas experimentam a obra do poder de Deus, a fé que não teme a morte brota em seus corações e começa a propagação de fogo do evangelho. As pessoas, que vivem em pecado sem uma fé verdadeira, são capacitadas para viver pela palavra de Deus, quando experimentam pessoalmente a obra do poder do Deus vivo.

Dentre as diversas viagens missionárias para o exterior, já estive em países onde a evangelização e a pregação do evangelho são legalmente proibidas e a igreja é perseguida. Já testemunhei em países como o Paquistão e Emirados Árabes Unidos, onde o islamismo prevalece e, na Índia, predominantemente hindu, que, quando Jesus Cristo é testificado e evidências pelas quais as pessoas podem acreditar no Deus vivo são manifestadas, inúmeras almas se convertem e alcançam a salvação. Mesmo se adoravam a ídolos, depois de experimentar a obra do poder de Deus uma vez, elas aceitam Jesus Cristo sem medo de complicações legais. Isso testifica a absoluta magnitude do poder de Deus.

Assim como o agricultor colhe no tempo de colheita, Deus manifesta tão maravilhoso poder para que Ele possa colher todas as almas que receberão a salvação nos últimos dias.

Sinais do fim dos tempos registrados na Bíblia

Pela palavra de Deus registrada na Bíblia, podemos dizer que o tempo no qual estamos vivendo está próximo do fim. Embora Deus não tenha nos dito a data e a hora exata do fim dos tempos, Ele nos deu dicas. Assim como podemos prever chuva, quando as nuvens começam a se juntar, ao observar o modo como a história continua, os sinais na Bíblia nos permitem prever os últimos dias.

Em Lucas 21, por exemplo, encontramos; *"Quando ouvirem falar de guerras e rebeliões, não tenham medo. É necessário que primeiro aconteçam essas coisas, mas o fim não virá imediatamente"* (v. 9), e *"haverá grandes terremotos, fomes e pestes em vários lugares, e acontecimentos terríveis e grandes sinais provenientes do céu"* (v. 11).

Em 2 Timóteo 3:1-5, lemos o seguinte:

Saiba disto: nos últimos dias sobrevirão tempos terríveis. Os homens serão egoístas, avarentos, presunçosos, arrogantes, blasfemos, desobedientes aos pais, ingratos, ímpios, sem amor pela família, irreconciliáveis, caluniadores, sem domínio próprio, cruéis, inimigos do bem, traidores, precipitados, soberbos, mais amantes dos prazeres do que amigos de Deus, tendo aparência de piedade, mas negando o seu poder. Afaste-se desses também.

Há muitos desastres e sinais em todo o mundo e o coração e a mente das pessoas estão ficando cada vez piores. A cada semana recebo notícias sobre eventos e acidentes e o volume deles só tem aumentado. Isso significa que existem muitos desastres, calamidades e más obras acontecendo no mundo.

Todavia, as pessoas não estão tão sensitivas a esses eventos e acidentes como uma vez já estiveram. Uma vez que elas se deparam demais com notícias sobre tais coisas frequentemente, tornaram-se imunes a elas. A maioria não leva mais a sério brutos crimes, grandes guerras, desastres naturais e casualidades de tais atrocidades e calamidades. Esses eventos costumavam ocupar o espaço da manchete na mídia, porém, a menos que sejam profundamente sentidos ou ocorram com pessoas com quem as pessoas se importem, eles são insignificantes para a maioria delas e logo são esquecidos.

Através do caminho que a história tem seguido, as pessoas que estão despertadas e têm clara comunicação com Deus têm testemunhado que a Vinda do Senhor está próxima.

Profecias sobre o fim dos tempos e a providência de Deus para a Igreja Central Manmin

Através das profecias de Deus reveladas à Manmin, podemos dizer que estamos de fato no fim dos tempos. Desde a fundação da igreja, Deus já tinha predito os resultados das eleições presidenciais e parlamentares, mortes de figuras importantes e conhecidas na Coreia e no exterior, e muitos outros eventos que ajudaram a dar forma à história do mundo.

Em muitas ocasiões, eu divulguei tais informações em acrônimos nos boletins sema\nais da igreja. Se o conteúdo a ser divulgado era delicado demais, eu o compartilhava apenas com alguns indivíduos. Nos últimos anos, tenho proclamado desde o púlpito, de tempos em tempos, revelações quanto à Coreia do Norte, Estados Unidos e a eventos que acontecerão mundo afora.

A maioria das profecias já foi cumprida como preditas, e as que ainda não o foram dizem respeito tanto a eventos que já estão acontecendo ou que ainda estão por vir. Um fato notável é que a maioria delas que era a respeito dos eventos por vir é também dos últimos dias. Como dentre elas está a providência de Deus para a Igreja Central Manmin, examinaremos algumas.

A primeira diz respeito às relações entre Coreia do Norte e do Sul

Desde a fundação, Deus revelou grandes coisas sobre a Coreia do Norte à Manmin, porque temos um chamado para a evangelização da Coreia do Norte nos últimos dias. Em 1983, Deus nos revelou que haveria uma conferência entre os líderes da Coreia do Norte e do Sul e suas consequências. Logo depois da conferência, a Coréia do Norte abria temporariamente suas portas para o mundo, mas as fecharia de novo em pouco tempo. Deus nos disse que, quando a Coreia do Norte se abrisse, o evangelho da santidade e do poder de Deus entraria no país e a evangelização iria começar. Ele nos disse para nos lembrarmos que a Vinda do Senhor estará próxima quando Coreia do Sul e Norte "se expressarem de uma certa maneira", o que é ainda segredo – pedido de Deus – não posso ainda divulgar tal informação.

Como a maioria de vocês deve saber, uma conferência de líderes de ambas as Coreias aconteceu em 2000, e creio que quem está ciente do que tem acontecido deve provavelmente sentir que a Coréia do Norte, sucumbindo à pressão internacional, logo abrirá as portas.

A segunda profecia diz respeito ao chamado para a missão mundial

Deus preparou para a Manmin várias cruzadas internacionais nas quais dezenas de milhares, centenas de milhares e milhões de pessoas se reuniram, e nos abençoou para evangelizarmos o mundo rapidamente pelo Seu maravilhoso poder. Elas incluem a Cruzada do Evangelho Santo na Uganda, cujas notícias foram transmitidas internacionalmente pela CNN – Cable News Network; a Cruzada de Curas no Paquistão, que abalou o mundo islâmico e abriu portas para obras missionárias no Oriente Médio; a Cruzada do Evangelho Santo no Quênia na qual muitas, muitas doenças, inclusive AIDS, foram curadas; a Cruzada de Cura Unida nas Filipinas, na qual o poder de Deus foi manifestado de forma explosiva; a Cruzada de Curas Milagrosas em Honduras, que trouxe o furacão do Espírito Santo; e o Festival de Curas Milagrosas na Índia, o maior país hindu do mundo, na qual três milhões de pessoas se reuniram durante os quatro dias de evento. Todas essas cruzadas serviram de ferramentas para que a Manmin pudesse entrar em Israel – seu destino final.

Com seu grande plano de cultivação humana, Deus criou Adão e Eva, e depois que a vida começou na terra, a humanidade se multiplicou. Dentre muitos povos, Deus selecionou uma nação, Israel, descendentes de Jacó. Através da história dos israelitas, Deus queria revelar Sua glória e providência para a cultivação da raça humana não apenas para Israel, mas também para todas as pessoas do mundo. O povo de Israel, logo, serve como modelo para a cultivação da humanidade, e a história de Israel, governada pelo próprio Deus, não é só a história de uma nação, mas a Sua mensagem a todos os povos. Antes de completar a cultivação do ser humano, que começou com Adão, Deus deseja que o evangelho volte a Israel, de onde ele originou. Contudo, é excessivamente difícil conduzir uma reunião cristã e espalhar o evangelho nesse país. A manifestação do poder de Deus que pode abalar céus e terra, é necessária ali, e cumprir essa porção da providência de Deus é um chamado designado à Manmin nos últimos dias.

Através de Jesus Cristo, Deus cumpriu a providência da salvação da raça humana e possibilitou a qualquer um que aceitar Jesus como seu Salvador receba a vida eterna. Todavia, o povo escolhido de Deus, Israel, não reconheceu Jesus como o Messias. Na verdade, mesmo quando os filhos de Deus forem arrebatados, o povo de Israel ainda não terá entendido a providência da salvação através de Jesus Cristo.

Nos últimos dias, Deus quer que Israel se arrependa e aceite Jesus como seu Salvador para que possa alcançar a salvação. É por isso que Deus permitiu que o evangelho da santidade entrasse e se espalhasse pelo país, através de um nobre chamado, que Ele deu à Manmin. Agora que algo importantíssimo para o trabalho missionário no Oriente Médio foi estabelecido em abril de 2003, de acordo com a vontade de Deus, a Manmin planejará coisas específicas para Israel e cumprirá a providência de Deus.

A terceira profecia diz respeito à construção do Grande Santuário

Pouco tempo depois da fundação da Manmin, enquanto me revelava Sua providência para os últimos dias, Deus nos deu um chamado de construir o Grande Santuário que revelaria Sua glória a todos os povos da terra.

Nos tempos do Velho Testamento, era possível receber a salvação por obras. Mesmo se o pecado no coração de alguém não fosse resistido, desde que não fosse cometido em obras, qualquer um podia ser salvo. O Templo dos tempos do Velho Testamento era um templo no qual as pessoas adoravam a Deus só com obras, como prescrevia a lei.

Durante os tempos do Novo Testamento, entretanto, Jesus veio para cumprir a lei com o amor e, pela nossa fé Nele, recebemos a salvação. O templo que Deus deseja no Novo Testamento é construído não só por obras, mas também pelo coração. Esse templo está para ser construído pelos filhos de Deus que abandonaram o pecado, com corações santificados e cheios de amor por Ele. É por isso que Deus permitiu que o

Templo dos tempos do Velho Testamento fosse destruído e desejou que um novo templo de significado espiritual fosse construído.

Logo, as pessoas que irão construir o Grande Santuário devem ser consideradas adequadas aos olhos de Deus. Elas devem ser filhas de Deus que têm seu coração circuncidado, santo, limpo e cheio de fé, esperança e amor. Quando Deus vir o Grande Santuário construído por Seus filhos santificados, Ele não será confortado só pela aparência da construção. Na verdade, através do Grande Santuário, Ele se lembrará de todo o processo de sua construção e de cada um de seus verdadeiros filhos, que são frutos de Suas lágrimas, sacrifício e paciência.

O Grande Santuário possui profundo significado. Ele servirá como um monumento para a cultivação da humanidade e como um símbolo do conforto de Deus depois de colher o que plantou. Ele é construído nos últimos dias porque é um projeto de uma construção monumental, que revelará a glória de Deus a todas as pessoas do mundo. Com 600 metros de diâmetro e 70 metros de altura, o Grande Santuário é uma construção maciça, que será feita com todos os tipos de materiais lindos, raros e preciosos e, em cada peça da estrutura e decoração, a glória da Nova Jerusalém, os seis dias da criação e o poder de Deus estarão registrados. Só de olhar para o Grande Santuário as pessoas sentirão a majestade e a glória de Deus. Mesmo não-crentes ficarão boquiabertos ao olhar e reconhecer Sua glória.

Finalmente, a construção do Grande Santuário é a preparação de uma arca onde inúmeras almas receberão a salvação. Nos últimos dias, onde o pecado e a maldade reinam como nos tempos de Noé, quando as pessoas, que tiverem sido guiadas pelos filhos Deus, que Ele considera adequadas, forem para o Grande Santuário e crerem Nele, poderão receber a salvação. Ainda por cima, as pessoas ouvirão falar sobre a glória e o poder de Deus e virão e verão com seus próprios olhos. Quando vierem, inúmeras evidências de Deus serão apresentadas. Elas também aprenderão sobre segredos do mundo espiritual e serão iluminadas dentro da vontade de Deus, que procura colher filhos verdadeiros que reflitam Sua própria imagem.

O Grande Santuário servirá como um núcleo da fase final da propagação mundial do evangelho, antes da Vinda do nosso Senhor. Deus também disse à Manmin que quando o tempo certo para a construção do Grande Santuário chegar, Ele fará com que reis e indivíduos de muita riqueza e poder ajudem com a construção.

Desde que foi fundada, Deus tem revelado profecias sobre os últimos dias e Sua providência à Igreja Central Manmin. Até hoje Ele continua manifestando crescente poder e cumprindo Sua Palavra. No decorrer da história da igreja, o próprio Deus guiou a Manmin a fim de fazê-la cumprir Sua providência. Além disso, até a volta de Jesus, Ele nos guiará para que cumpramos todas as tarefas que Ele designou para nós, de revelarmos a glória do Senhor em todo o mundo.

Em João 14:11, Jesus nos diz: *"Creiam em mim quando digo que estou no Pai e que o Pai está em mim; ou pelo menos creiam por causa das minhas obras"*. Em Deuteronômio 18:22, encontramos: *"Se o que o profeta proclamar em nome do SENHOR não acontecer nem se cumprir, essa mensagem não vem do SENHOR. Aquele profeta falou com presunção. Não tenham medo dele"*. Espero que você entenda a providência de Deus através do poder e das profecias manifestadas e reveladas à Igreja Central Manmin.

Cumprindo Sua providência através da Igreja Central Manmin nos últimos dias, Deus não nos deu poder e avivamento de um dia para o outro. Ele tem nos treinado por mais de vinte anos. Como escalar uma montanha alta e íngreme e velejar em meio a furiosas e altas ondas, várias vezes Ele nos fez passar por provações e, através das pessoas que foram aprovadas ao passarem por tais testes com a fé firme, Ele tem preparado um vaso que possa realizar a missão mundial.

Isso implica cada um de vocês também. A fé pela qual a pessoa pode entrar na nova Jerusalém não se desenvolve ou cresce do dia para a noite; você deve sempre estar acordado e preparado para o dia em que o nosso Senhor irá voltar. Sobretudo, destrua

O Grande Santuário...

os muros de pecado e, com uma fé constante e ardente, corra em direção ao céu. Quando você vai para frente com essa determinação imutável, Deus, sem dúvida, lhe dá habilidade e autoridade espiritual através das quais você pode ser usado como Seu vaso precioso em Sua providência nos últimos dias.

Que cada um de vocês possa ter uma fé ardente até que o nosso Senhor volte e nos encontremos novamente no céu e na Cidade de Nova Jerusalém. Em nome do nosso Senhor Jesus Cristo, eu oro!

O Autor:
Dr. Jaerock Lee

Dr. Jaerock Lee nasceu em Muan, Província Jeolla Sul, República da
Coréia do Sul, em 1943. Aos vinte anos, Dr. Lee sofria de várias doenças
incuráveis. Por sete anos seguidos esperou a morte sem esperança de
recuperação. Um dia, durante a primavera de 1974, foi levado por sua irmã a
uma Igreja e, quando se ajoelhou para orar, o Deus vivo imediatamente o
curou de todas as enfermidades.

No momento em que Dr. Lee conheceu o Deus vivo através daquela
incrível experiência, ele amou a Deus com todo o seu coração e sinceridade e,
em 1978, foi chamado para ser servo de Deus. Ele orava tão fervorosamente
que podia entender claramente a vontade de Deus e cumpri-la totalmente.
Ele obedeceu à Palavra de Deus. Em 1982, fundou a Igreja Manmin Joong-
ang, em Seul, Coréia do Sul. Inúmeras obras, incluindo curas milagrosas e
maravilhas, tomaram lugar naquela Igreja.

Em 1986, Dr. Lee foi consagrado pastor na Assembléia Anual da Igreja
Sungkyul e, quatro anos depois, em 1990, seus sermões foram transmitidos
para Austrália, Estados Unidos, Rússia, Filipinas e muitos outros locais ao
longo da Companhia de Transmissão do Extremo Oriente, a Estação de
Transmissão Asiática e o Sistema de Rádio Cristão de Washington.

Três anos depois, em 1993, a Igreja Central Manmin Joong-ang foi
escolhida uma das "Cinqüenta maiores Igrejas do Mundo" pela revista
Christian World e o Dr. Lee recebeu o Doutorado Honorário em Divindade
pela Escola da Fé Cristã, na Flórida, Estados Unidos. Em 1996, tornou-se
P.H.D em Ministério pelo Seminário Teológico de Kingsway, em Iowa, nos
Estados Unidos.

Desde 1993 Dr. Lee tem liderado a evangelização mundial através de
muitas cruzadas internacionais na Tanzânia, Argentina, Los Angeles,
Baltimore City, Havaí, Nova Iorque, Uganda, Japão, Paquistão, Quênia,
Filipinas, Honduras, Índia, Rússia, Alemanha, Peru, República
Democrática do Congo, Israel, e Estônia.

Em 2002, foi chamado de "pastor internacional" pelos maiores jornais
cristãos da Coréia, por seu trabalho nessas cruzadas. Em especial, sua

'Cruzada de Nova Iorque 2006' realizada na Madison Square Garden, arena mais famosa do mundo, foi transmitida a 220 nações; e em sua 'Cruzada Unida de Israel 2009' realizada no Centro Internacional de Convenções em Jerusalém, ele proclamou corajosamente que Jesus Cristo é o Messias e o Salvador. Seu sermão é transmitido a 176 nações via satélites incluindo a GCN TV, e ele foi listado como um dos 10 Líderes Cristãos Mais Influentes de 2009 e 2010 pela popular revista russa *In Victory* e pelo *Christian Telegraph* por seu poderoso ministério de transmissão televisiva e de pastoreamento internacional.

Conforme dados de junho de 2013, a Igreja Central Manmin tem uma congregação de mais de 120.000 membros. São 10.000 congregações e 56 congregações domésticas espalhadas pelo país e pelo mundo. Até hoje, mais de 129 missionários já foram enviados a 23 países, incluindo os Estados Unidos, Rússia, Alemanha, Canadá, Japão, China, França, Índia, Quênia e muitos outros.

Até hoje, Dr. Lee já escreveu 87 livros, incluindo os Best Sellers *Experimentando a Vida Eterna antes da Morte; Minha Fé Minha Vida I & II; A Mensagem da Cruz; A Medida da Fé; Céu I & II; Inferno* e *O Poder de Deus.* Suas obras foram traduzidas para mais de 76 línguas.

Suas colunas cristãs estão nos jornais *The Hankook Ilbo, The Chosun Ilbo, The JoongAng Daily, The Dong-A Ilbo, The Munhwa Ilbo, The Seoul Shinmun, The Kyunghyang Shinmun, The Korea Economic Daily, The Korea Herald, The Shisa News,* e *The Christian Press.*

O Dr. Lee é atualmente líder de várias organizações missionárias e associações: diretor na The United Holiness Church of Jesus Christ, o Jornal de Evangelização da Nação, Presidente na Missão Mundial de Manmin, Presidente Vitalício da Assosição Missão Mundial de Avivamento do Cristianismo; Presidente e Fundador da Rede Global Cristã (GCN), Fundador e Membro da Diretoria da Rede Mundial de Médicos Cristãos (WCDN); e Fundador e Membro da Diretoria do Seminário Internacional de Manmin (MIS).

Céu I & II

Um esboço detalhado dos ambientes maravilhosos que os cidadãos do céu desfrutam e as lindas descrições dos diferentes níveis dos reinos celestiais.

A Mensagem da Cruz

Uma poderosa mensagem para despertar todas as pessoas que estão dormindo espiritualmente. Nesse livro podemos ver porque Jesus é o único Salvador e encontrar o verdadeiro amor de Deus.

Inferno

Uma mensagem profunda de Deus, que não deseja que nem uma alma sequer vá para as profundezas do inferno, a toda a humanidade! Você descobrirá coisas nunca antes reveladas sobre a cruel realidade do Ades e do inferno.

Minha Fé Minha Vida I & II

Uma história comovente de como a fé verdadeira supera todo tipo de tribulação e atrai as obras de fogo do Espírito Santo na igreja.

A Medida da Fé

Que tipo de lar celestial, coroa e recompensa estão preparados para você no céu? Esse livro fornece, com sabedoria, meios para você medir sua fé e cultivá-la de modo a torná-la melhor e mais madura.